Petits *C*lassiques
LAROUSSE

Collection fondée par Félix Guirand,
Agrégé des Lettres

Le Médecin malgré lui

Molière

Farce

Édition présentée,
annotée et commentée
par Nathalie BARBERGER,
ancienne élève de l'École normale supérieure,
agrégée de lettres modernes,
docteur ès lettres

© Éditions Larousse 2007
ISBN : 978-2-03-583421-8

SOMMAIRE

Avant d'aborder l'œuvre

Le Médecin malgré lui

Molière

98   Avez-vous bien lu ?

Pour approfondir

AVANT D'ABORDER
L'ŒUVRE

Fiche d'identité de l'auteur

Molière

Nom : Jean-Baptiste POQUELIN, dit MOLIÈRE.

Naissance : janvier 1622, à Paris.

Famille : père tapissier du roi, mère morte en 1632.

Jeunesse : collège à Paris chez les jésuites puis études de droit à Orléans. En 1642, prend la charge de tapissier à la demande de son père. Rencontre la comédienne Madeleine Béjart.

Rupture : en 1643, quitte la demeure familiale et renonce à sa charge pour devenir comédien. La famille Béjart l'invite à s'engager dans sa troupe.

Les débuts : en 1643, création de L'Illustre Théâtre, représentations à Paris. En 1645, début d'une période itinérante de treize ans en province. Première comédie en 1655, à Lyon : *L'Étourdi*. En 1657, la troupe joue à Dijon, Lyon, Grenoble, Rouen (rencontre avec Corneille).

Paris et la reconnaissance royale : en 1658, Molière met en scène *Nicomède* de Corneille puis la farce du *Docteur amoureux*. Immense succès et faveur royale. Se produit au théâtre du Petit Bourbon, puis au théâtre du Palais-Royal. En 1662, épouse Armande Béjart, de vingt ans sa cadette : ce mariage fera l'objet de bien des calomnies. Création de *L'École des femmes* (1662) : Molière est accusé de blasphème et d'immoralité. En 1664, anime la fête « Les Plaisirs de l'île enchantée », à Versailles, puis création du *Tartuffe* : la pièce est interdite sous la pression des dévots. La troupe devient troupe officielle du roi en 1665, mais le scandale causé par *Dom Juan* oblige Molière à retirer sa pièce. En 1666, après le demi-échec du *Misanthrope*, retour à la farce avec *Le Médecin malgré lui*. Suivront *Le Bourgeois gentilhomme*, *Les Fourberies de Scapin*.

La disgrâce et la mort : Molière est supplanté dans la faveur royale par Lulli. *Le Malade imaginaire*, comédie-ballet, est créé à Paris en l'absence du roi. Le 17 février 1673, Molière meurt, en sortant de scène. Enterrement de nuit à Paris, sans inhumation chrétienne.

Pour ou contre Molière ?

Pour

Charles Augustin SAINTE-BEUVE :
« Le Sganarelle de Molière, dans toutes ses variétés de valet, de mari, [...] de tuteur, de fagotier, de médecin, est un personnage qui appartient en propre au poète. »
Portraits littéraires, 1844

Jacques COPEAU :
« C'est pour être si peu surchargé que son comique nous paraît si fort. C'est à son aération qu'il doit d'être à ce point délié, clair, tonique. »
Souvenirs du Vieux-Colombier, Nouvelles Éditions latines, 1931

Contre

Nicolas BOILEAU :
« C'est par là que Molière illustrant ses écrits
Peut-être de son art eût remporté le prix,
Si, moins ami du peuple en ses doctes peintures,
Il n'eut point fait souvent grimacer ses figures,
Quitté pour le bouffon, l'agréable et le fin. »
Art poétique, 1674 (à propos des *Fourberies de Scapin*)

Jean-Jacques ROUSSEAU :
« Examinez le comique de cet auteur : partout vous trouverez que les vices de caractère en sont l'instrument, et les défauts naturels le sujet ; que la malice de l'un punit la simplicité de l'autre, et que les sots sont victimes des méchants : ce qui, pour n'être que trop vrai dans le monde, n'en vaut pas mieux à mettre au théâtre avec un air d'approbation. »
Lettre à d'Alembert sur les spectacles, 1758

Repères chronologiques

Vie et œuvre de Molière	Événements politiques et culturels
1622 Naissance de Jean-Baptiste Poquelin.	**1598-1630** Période baroque.
1632 Mort de sa mère.	**1624** Louis XIII fait construire le premier Versailles.
1640 Études de droit. Rencontre des Béjart.	**1632** Rembrandt, *La Leçon d'anatomie*.
1643 **Création de l'Illustre-Théâtre.**	**1635** Fondation de l'Académie française.
1644 Prend le pseudonyme de Molière.	**1636** **Corneille, *Le Cid*.**
1645 Prison pour dettes. La troupe quitte Paris pour jouer en province.	**1637** Descartes, *Discours de la méthode*.
1653 Protection du prince de Conti.	**1640** Corneille, *Horace, Cinna*.
1655 *L'Étourdi*, première pièce de Molière.	**1643** Mort de Louis XIII. Régence d'Anne d'Autriche. Mazarin, Premier ministre.
1656 *Le Dépit amoureux*.	**1650-1655** Fronde des Princes.
1658 Retour à Paris. Le roi lui accorde la salle du Petit-Bourbon.	**1655** Velasquez, *Les Ménines*.
1659 *Les Précieuses ridicules*.	**1656** Pascal, *Les Provinciales*.
1660 *Sganarelle ou le cocu imaginaire*. Molière obtient la salle du Palais-Royal.	**1659** Corneille, *Œdipe*.
1661 *Les Fâcheux*.	**1661** **Début du règne de Louis XIV et remaniement du château de Versailles par Le Vau et Lenôtre. Arrestation de Fouquet.**

Vie et œuvre de Molière	Événements politiques et culturels
1662 Mariage de Molière et Armande Béjart. *L'École des femmes* et *La Critique de L'École des femmes*.	**1662** Colbert ministre. Famines et émeutes dans le royaume. Lulli maître de la musique royale.
1663 *L'Impromptu de Versailles*.	**1664** Condamnation de Fouquet. La Rochefoucauld, *Maximes*.
1664 Première représentation publique du *Tartuffe*, interdite.	**1665** Le Bernin, *Buste de Louis XIV*. Vermeer de Delft, *La Dentellière*.
1665 *Dom Juan*.	**1666** Mort de la reine mère Anne d'Autriche. Boileau, *Satires* (I à VII).
1666 *Le Misanthrope*, *Le Médecin malgré lui*.	**1667** **Racine, *Andromaque*.**
1667 Seconde représentation du *Tartuffe* sous le titre *L'Imposteur*. Nouvelle interdiction.	**1668** La Fontaine, *Fables* (1er recueil).
1668 *Amphytrion*, *George Dandin*, *L'Avare*.	**1669** Racine, *Britannicus*.
1669 Mort du père de Molière. *Monsieur de Pourceaugnac*.	**1670** Mort de Madame, épouse du roi. Madame de Montespan officiellement favorite du roi. Pascal, *Pensées*. Racine, *Bérénice*.
1670 *Le Bourgeois Gentilhomme*.	
1671 *Les Fourberies de Scapin*, *La Comtesse d'Escarbagnas*.	**1671** L'enseignement de la philosophie de Descartes interdit à Paris. Lebrun décore Versailles.
1672 *Les Femmes savantes*.	**1672** Racine, *Bajazet*.
1673 *Le Malade imaginaire*. 17 février : mort de Molière.	**1673** Premier opéra de Lulli. Louis XIV réduit le droit de remontrance au Parlement.

Fiche d'identité de l'œuvre

Le Médecin malgré lui

Forme :
dialogue en prose.

Auteur :
Molière, à 44 ans, vient
de mettre en scène
Le Misanthrope.

Structure :
trois actes qui correspondent
à trois thèmes :
la querelle de ménage,
la satire de la médecine,
l'intrigue amoureuse.

Genre :
théâtre (farce).

Principaux personnages : Sganarelle, fagotier déguisé
en médecin, le plus présent sur scène, joyeux, insolent,
ivrogne et paresseux. Martine, sa femme, intelligente
et rusée. Géronte, vieillard cupide qui veut marier
sa fille malgré elle. Lucinde, sa fille, jeune première
mais pas si ingénue, amoureuse de Léandre. Jacqueline,
la nourrice, haute en couleurs. Lucas, son mari jaloux
et benêt, et Valère, domestiques de Géronte. Thibaut,
paysan, et son fils Perrin.

Sujet : Martine, battue par son mari, décide de se venger
en faisant croire qu'il est médecin et qu'il a obtenu
des guérisons miraculeuses, mais qu'il ne se reconnaît
médecin que par la force. Valère et Lucas assènent donc
des coups de bâton à Sganarelle pour qu'il avoue ! Dans
la maison de Géronte, leur maître, Sganarelle va soigner
Lucinde, devenue subitement muette. Là, sous son nouvel
habit, il joue gaiement son rôle, donne
à son tour des coups de bâton à Géronte, courtise
Jacqueline sous les yeux de son mari, et après
la consultation de Lucinde, assaisonnée de latin
de cuisine, se fait grassement payer par le vieillard.
Léandre, l'amoureux de la jeune fille, révèle
à Sganarelle la supercherie : Lucinde feint d'être
muette pour empêcher le mariage arrangé par son père.
Sganarelle, à nouveau richement payé par Léandre,
accepte de les secourir. Lucinde avoue ses sentiments
à son père et s'enfuit alors avec Léandre, tandis que
Sganarelle occupe Géronte. Mais Lucas le dénonce :
Sganarelle est menacé de pendaison, avant qu'un coup
de théâtre n'arrange heureusement la situation.

Pour ou contre

Le Médecin malgré lui ?

Pour

Marie-Thérèse de SUBLIGNY :

« Molière, dit-on, ne l'appelle
Qu'une petite bagatelle ;
Mais cette bagatelle est d'un esprit si fin
Que, s'il faut que je vous le die,
L'estime qu'on en fait est une maladie
Qui fait que dans Paris tout court au *Médecin*. »

La Muse dauphine, août 1666

René BRAY :

« C'est un chef-d'œuvre, et qui fut accueilli comme tel.
La farce y prend de l'ampleur. Le poète prouve qu'il a
pleine conscience de la fonction comique du genre. »

Molière, homme de théâtre, Mercure de France, 1954

Contre

VOLTAIRE :

« *Le Médecin malgré lui* soutint *Le Misanthrope* ; c'est
peut-être à la honte de la nature humaine, mais c'est
ainsi qu'elle est faite : on va plus à la comédie pour rire
que pour être instruit. *Le Misanthrope* était l'ouvrage
d'un sage qui écrivait pour les hommes éclairés ;
et il fallut que le sage se déguisât en farceur pour
plaire à la multitude. »

Vie de Molière avec de petits sommaires de ses pièces, 1739

Pour mieux lire l'œuvre

✤ Au temps de Molière

En 1666, Molière triomphe comme auteur, comédien et chef de troupe du roi. Mais il est aussi l'objet de nombreuses critiques lorsqu'il fait représenter *Le Médecin malgré lui*.

Considéré jusque-là comme un simple amuseur, il s'est lancé depuis quelques années dans un genre intermédiaire, à la frontière du tragique, où la peinture de caractères s'enrichit d'une réflexion sur l'hypocrisie dans les comportements individuels et les institutions sociales, ce qui lui vaut de violentes critiques. *Le Tartuffe*, où l'on voit un faux dévot s'établir dans une famille qu'il tente de dilapider, a été interdit. Le personnage de Dom Juan qui, dans sa quête du plaisir et de la liberté, tient tête jusqu'au bout à la menace chrétienne de l'Enfer, et qui finit par prendre le masque du dévot pour que la société le laisse tranquille, relance le scandale. Deux mois avant *Le Médecin malgré lui*, Molière subit un échec avec *Le Misanthrope* : Alceste y apparaît en révolté, qui condamne l'hypocrisie d'une société fondée sur le mensonge.

On considère généralement que *Le Médecin malgré lui*, écrit juste après *Le Misanthrope*, marque un retour au gros rire destiné à plaire et à accroître les recettes. De fait, cette pièce est une de celles que Molière a reprises le plus souvent (59 fois), ce qui témoigne de son succès.

Aux sources du comique : la farce et le théâtre italien

La farce est un genre comique populaire fondé sur des jeux de scène et des mimiques propres à déclencher l'hilarité. Très présente au Moyen Âge et à la Renaissance, elle avait à peu près disparu au XVIIᵉ siècle. Molière la ressuscite pendant sa période itinérante : les farces forment le fond du répertoire de la troupe ambulante de comédiens avec laquelle il parcourt la France pendant douze ans. Il écrit lui-même deux farces dont les textes sont parvenus jusqu'à nous : *La Jalousie du barbouillé* et *Le Médecin volant*. Huit ans après ses débuts à la cour, il y revient : *Le Médecin malgré lui*, à commencer par la dispute conjugale, prétexte à injures, qui ouvre la pièce, et bien sûr ses multiples coups de bâton, est une farce particulièrement survoltée.

Molière est aussi fasciné par le jeu des comédiens italiens qui, au XVIIe siècle, remportent un succès croissant : Louis XIV les promeut comédiens du roi. D'Italie, ils apportaient une nouvelle forme de spectacle, la *commedia dell'arte*, bien connue pour ses types : les vieillards comme Pantalon, les jeunes premières amoureuses, les soubrettes et surtout les valets intrigants, tels Arlequin et Brighella. Les comédiens improvisent à partir d'un canevas dramatique simple, pratiquent l'art de la pantomime en jouant de leurs corps (voltiges, pirouettes, coups de bâton) dans des jeux de scène bouffons. Insolents et railleurs, ils risquent souvent sur scène des obscénités sexuelles, des jeux de mots grossiers, toutes sortes d'injures. Leurs pièces, en italien mais aussi en français, sont très libres et forment l'envers du théâtre classique, l'envers d'un monde ordonné par les règles, la vraisemblance et la bienséance. Quant à leur jeu et à leur diction, ils sont eux aussi à l'opposé de ceux des comédiens de l'Hôtel de Bourgogne, où l'on donne les tragédies, et où domine une esthétique austère, avec des corps figés, raides, et une diction ampoulée toujours à la limite de la déclamation. On sait par des témoignages que Molière acteur a copié la mimique et les savantes gesticulations des Italiens. La tradition veut même qu'il ait été, dans sa jeunesse, l'élève du célèbre bouffon italien Scaramouche. Donneau de Visé écrit dans son hommage funèbre : « Il était comédien depuis les pieds jusqu'à la tête ; il semblait qu'il eût plusieurs voix ; tout parlait en lui et d'un pas, d'un sourire, d'un clin d'œil et d'un remuement de tête, il faisait concevoir plus de choses qu'un grand parleur n'aurait pu dire en une heure. »

Sganarelle, le médecin

Molière retrouve avec cette farce le personnage de Sganarelle, qu'il a toujours interprété, et déjà présent dans cinq pièces écrites de

Pour mieux lire l'œuvre

1660 à 1666 : *Sganarelle ou Le Cocu imaginaire, L'École des maris, Le Mariage forcé, Dom Juan, L'Amour médecin*. Incarnation suprême et dernière, le Sganarelle du *Médecin malgré lui* était en fait apparu pour la première fois dans une farce datant de la période de l'Illustre Théâtre : *Le Médecin volant*, où il était déjà un médecin rusé et joyeux. Ainsi, le dernier Sganarelle rejoint le premier.

Un lien unit donc le personnage à l'habit de médecin, qu'il endossait rapidement dans *Dom Juan*, et qu'il assume triomphalement dans *Le Médecin malgré lui*. Cette pièce appartient en effet à la lignée des comédies de Molière qui proposent une satire de la médecine, jusqu'à la dernière, *Le Malade imaginaire*, où le vieil Argan vit entre purges et lavements, victime de M. Fleurant l'apothicaire, de M. Purgon, et surtout de Diafoirus père et fils, médecins imbéciles et ignorants. La figure du médecin est d'ailleurs une très vieille source comique, comme l'atteste, au Moyen Âge, le fabliau du *Vilain Mire*, dont s'inspire ici Molière. Il faut dire que le médecin-apothicaire, avec ses allures de sorcier, est aussi un bonimenteur, dont le bagout était bien connu des habitants de Paris. Molière enfant y fut sans doute sensible lorsqu'il accompagnait son grand-père au Pont-Neuf. Car Sganarelle est surtout, dans *Le Médecin malgré lui*, l'emblème du comédien qui, par ses prouesses et ses voltiges, fait triompher l'amour et la comédie. Le spectateur, loin de le condamner, est ébloui par ses facéties verbales qui lui permettent de saper l'autorité d'un vieillard tyrannique, tandis qu'il sème le désordre et la gaieté dans un univers familial triste, fondé sur le respect et l'obéissance au père et au maître tout-puissant. Ainsi, Sganarelle obéit bien au sens étymologique de son nom. Le verbe italien *sgannare* signifie « désabuser », « détromper » : Sganarelle, grâce à son déguisement, révèle au spectateur l'hypocrisie d'une société. La farce, sans quitter pour autant le registre comique, permet au public d'en prendre conscience.

L'essentiel

Après l'échec du *Misanthrope*, Molière revient au rire populaire de la farce et à l'un de ses personnages favoris, qu'il interprète lui-même, l'extraordinaire Sganarelle, dont l'exubérance et les capacités d'improvisation rappellent la folie des personnages masqués de la *commedia dell'arte*. Sganarelle offre à Molière une nouvelle occasion de critiquer les pseudo-médecins de l'époque, mais surtout la possibilité d'une revanche contre tous les rabat-joie sûrs d'eux, dont le vieux Géronte est ici la figure.

❖ L'œuvre aujourd'hui

Des signes trompeurs

Certes, la médecine d'aujourd'hui n'est pas celle d'autrefois, mais la condamnation d'une institution qui a un tel pouvoir reste d'actualité. Les médecins au temps de Molière s'exprimaient en latin ou avec des termes techniques et savants, inintelligibles pour les autres, portaient avec solennité robes noires et chapeaux...

Or toutes ces mesures d'intimidation utilisées par les médecins au temps de Molière, fondées sur le vêtement, la gestuelle, le langage, n'ont pas disparu. Ainsi, certains médecins peuvent encore aujourd'hui faire peur lorsque, à un patient angoissé, ils imposent un diagnostic obscur, sans que l'on ose leur opposer quoi que ce soit. Car le pouvoir des médecins repose sur la peur, ce que mettra en scène Molière dans *Le Malade imaginaire* avec Argan, si hanté par son angoisse de mort et d'abandon, qu'il « gobe » tout.

Ici aussi, Géronte « gobe » tout, jusqu'au plus incroyable. Cependant, ce n'est pas la peur de la mort qui l'anime, mais son goût pour l'argent, puisqu'il ne pourra marier sa fille malade à temps pour en tirer un grand profit financier. Aussi le spectateur peut-il se réjouir à bon droit que Géronte reçoive des coups de bâton et perde sa bourse, juste punition de sa convoitise et de ses abus de pouvoir.

Dès lors, c'est surtout la bêtise du dupé qui est mise en scène : Géronte croit aux signes que lui donne Sganarelle, son vêtement, son langage, ses postures... et c'est la force aveugle de la crédulité, toujours contemporaine, qui se trouve condamnée. Pensons aujourd'hui à ceux qui croient les charlatans, paient cher pour des potions ou des formules magiques...

Reste que si Sganarelle, en trompant Géronte, fait du spectateur le complice amusé de cette mascarade, n'oublions pas qu'il dupe aussi Thibaut et Perrin, de simples paysans, inquiets pour la santé de la mère de famille. Si la scène reste dans le ton de la farce, le faux médecin n'en est pas moins redoutable, volant plus pauvre que lui, jouant de la légitime angoisse de voir mourir un être cher.

Finalement, tout est affaire de langage et d'autorité, comme nous l'indiquait d'emblée la première réplique de la pièce : « C'est à moi de parler et d'être le maître. » Et malheur à ceux qui, tel le paysan analphabète, sont exclus de la maîtrise du langage : ils seront forcément dupés. La robe noire des médecins, même parodiquement portée par un bouffon virtuose de l'intrigue et du verbe, nous rappelle aussi d'autres robes, celles des dévots, à qui Molière s'était affronté dans *Le Tartuffe*. Par ailleurs, dans son ultime réplique adressée à sa femme (« et songe que la colère d'un médecin est plus à craindre qu'on ne pourrait croire »), Sganarelle continue à jouer de son habit pour réaffirmer son autorité virile et conjugale. Méfions-nous des postures et des beaux-parleurs, semble nous dire Molière, surtout quand ils sont au service d'un pouvoir : sous le rire final, demeure la menace.

La revanche des faibles

La pièce aborde aussi un sujet très contemporain : la revanche des femmes contre le pouvoir des hommes... Sganarelle et Lucas, si opposés pourtant (à l'un la vivacité, à l'autre la bêtise), sont des maris tyranniques. Sganarelle, ivrogne et menteur, bat sa femme pour la contraindre au silence ; Lucas assène à la sienne un « Morgué, tais-toi ». Or Martine se venge de Sganarelle en le faisant battre à son tour. Et Jacqueline ridiculise le pauvre Lucas, qui paraît bien stupide à ses côtés.

Géronte, lui, incarne deux types d'autorité : celle du père et celle du maître. À Jacqueline, qui lui rappelle la loi du cœur, il oppose son arbitraire volonté pour choisir un mari à sa fille : « Ce Léandre n'est pas ce qu'il lui faut. » Or la pratique des mariages arrangés n'a pas partout disparu. Géronte devient même une sorte de bourreau, séquestrant sa fille. Mais Lucinde, au dernier acte, alors qu'elle était jusque-là muette, fait entendre haut et fort sa rébellion.

Père délirant, Géronte est aussi un riche bourgeois servi par ses domestiques. Et à travers le couple Géronte-Sganarelle, même si Sganarelle n'a pas dans la pièce statut de valet (mais il représente ici, comme cela est souligné au premier acte, une condition sociale inférieure), c'est bien symboliquement d'un affrontement maître-serviteur qu'il s'agit, dont Sganarelle sort vainqueur.

Mais cette revanche ne passe pas par une épreuve de force. L'espace de la comédie, comme celui du carnaval, la raillerie, la ruse, les déguisements et les joies du langage viennent triompher de l'esprit de sérieux incarné par le maître. Comme si, décidément, on ne pouvait se délivrer des abus de pouvoir que par la parole et le rire...

᧞ L'essentiel

À travers la satire de la médecine de son temps, Molière dénonce toutes les institutions qui abusent de leur autorité et profitent de la naïveté des faibles, mais aussi la sottise de ceux qui obéissent aveuglément et ne voient pas au-delà des apparences. L'écho contemporain de cette pièce réside aussi dans la revanche des faibles contre les puissants, des femmes contre les hommes, et, dans une perspective sociale, de l'homme du peuple contre le bourgeois.

Danse de comédiens italiens,
gravure de Jacques Callot, XVIIᵉ siècle.

Neuf personnages de la commedia dell'arte,
gravure de G. Gallina, XIXᵉ siècle.

Pantalon, personnage de la *commedia dell'arte* portant une culotte longue, dessin.

Razullo, personnage de la *commedia dell'arte*,
dessin d'après les *Balli di Sfessania*, eau-forte de Jacques Callot,
XVIIe siècle.

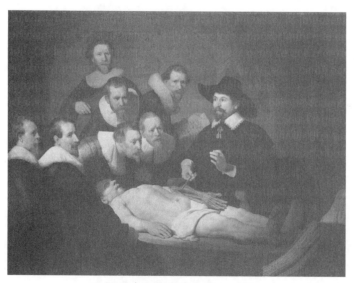

La Leçon d'anatomie du Professeur Tulp,
peinture à l'huile de Rembrandt, 1632,
Mauritshuis, La Haye.

Frontispice d'un recueil des œuvres de Molière,
édition de 1673.
Molière sous ses costumes de Mascarille et de Sganarelle,
gravure de François Chauveau.

Le Médecin malgré lui

Molière

Farce représentée pour la première fois le 6 août 1666

PERSONNAGES

SGANARELLE   *mari de Martine.*

MARTINE   *femme de Sganarelle.*

M. ROBERT   *voisin de Sganarelle.*

VALÈRE   *domestique de Géronte.*

LUCAS   *mari de Jacqueline.*

GÉRONTE   *père de Lucinde.*

JACQUELINE   *nourrice chez Géronte et femme de Lucas.*

LUCINDE   *fille de Géronte.*

LÉANDRE   *amant de Lucinde.*

THIBAUT   *père de Perrin.*

PERRIN   *fils de Thibaut, paysan.*

ACTE I

Une forêt près de la maison de Sganarelle.

Scène 1 SGANARELLE, MARTINE, *paraissant sur le théâtre en se querellant.*

SGANARELLE. Non, je te dis que je n'en veux rien faire, et que c'est à moi de parler et d'être le maître.

MARTINE. Et je te dis moi, que je veux que tu vives à ma fantaisie[1], et que je ne me suis point mariée avec toi pour souffrir tes fredaines[2].

SGANARELLE. Oh ! la grande fatigue que d'avoir une femme ! et qu'Aristote[3] a bien raison, quand il dit qu'une femme est pire qu'un démon !

MARTINE. Voyez un peu l'habile[4] homme, avec son benêt d'Aristote.

SGANARELLE. Oui, habile homme. Trouve-moi un faiseur de fagots[5] qui sache, comme moi, raisonner des choses, qui ait servi six ans un fameux médecin, et qui ait su dans son jeune âge son rudiment[6] par cœur.

MARTINE. Peste du fou fieffé[7] !

SGANARELLE. Peste de la carogne[8] !

---

1. **À ma fantaisie :** comme je le désire, selon mon bon vouloir.
2. **Souffrir tes fredaines :** supporter tes folies.
3. **Aristote :** philosophe grec du IVᵉ siècle av. J.-C. Il s'agit bien sûr d'une citation inventée par Sganarelle.
4. **Habile :** savant, érudit.
5. **Faiseur de fagots :** bûcheron.
6. **Rudiment :** notion élémentaire de grammaire latine.
7. **Fou fieffé :** triple fou (signifie à l'origine : si fou qu'on lui a donné le fief de la folie).
8. **Carogne :** injure qualifiant un individu ignoble. Le mot « charogne » désigne le cadavre d'une bête en putréfaction.

MARTINE. Que maudit soit l'heure et le jour, où je m'avisai d'aller dire oui !

SGANARELLE. Que maudit soit le bec cornu[1] de notaire qui me fit
signer ma ruine !

MARTINE. C'est bien à toi, vraiment, à te plaindre de cette affaire ! devrais-tu être un seul moment sans rendre grâces au Ciel de m'avoir pour ta femme ? et méritais-tu d'épouser une personne comme moi ?

SGANARELLE. Il est vrai que tu me fis trop d'honneur : et que j'eus lieu de me louer la première nuit de nos noces ! Eh ! morbleu ! ne me fais point parler là-dessus : je dirais de certaines choses...

MARTINE. Quoi ! que dirais-tu ?

SGANARELLE. Baste[2], laissons là ce chapitre, il suffit que nous savons ce que nous savons, et que tu fus bien heureuse de me trouver.

MARTINE. Qu'appelles-tu bien heureuse de te trouver ? Un homme qui me réduit à l'hôpital[3], un débauché, un traître qui me mange tout ce que j'ai ?...

SGANARELLE. Tu as menti ; j'en bois une partie.

MARTINE. Qui me vend, pièce à pièce, tout ce qui est dans le logis.

SGANARELLE. C'est vivre de ménage[4].

MARTINE. Qui m'a ôté jusqu'au lit que j'avais !...

SGANARELLE. Tu t'en lèveras plus matin.

MARTINE. Enfin qui ne laisse aucun meuble dans toute la maison.

SGANARELLE. On en déménage plus aisément.

---

1. **Bec cornu :** bouc cornu. Un « bouc » désigne un individu malpropre. « Cornu » signifie cocu.
2. **Baste :** assez.
3. **Réduit à l'hôpital :** réduit à la misère. L'hôpital était alors un établissement charitable où l'on accueillait les plus pauvres.
4. **C'est vivre de ménage :** jeu sur le double sens. Le sens littéral est « vivre de façon économe, sans dépense excessive », mais l'expression signifie aussi, dans le contexte, « vivre en vendant, en dilapidant les biens du ménage ».

MARTINE. Et qui, du matin jusqu'au soir, ne fait que jouer et que boire.

45   **SGANARELLE.** C'est pour ne me point ennuyer.

MARTINE. Et que veux-tu, pendant ce temps, que je fasse avec ma famille ?

SGANARELLE. Tout ce qu'il te plaira.

MARTINE. J'ai quatre pauvres petits enfants sur les bras…

50   **SGANARELLE.** Mets-les à terre.

MARTINE. Qui me demandent à toute heure du pain.

SGANARELLE. Donne-leur le fouet. Quand j'ai bien bu et bien mangé, je veux que tout le monde soit saoul[1] dans ma maison.

MARTINE. Et tu prétends, ivrogne, que les choses aillent toujours
55 de même ?

SGANARELLE. Ma femme, allons tout doucement, s'il vous plaît.

MARTINE. Que j'endure éternellement tes insolences et tes débauches ?

SGANARELLE. Ne nous emportons point, ma femme.

60   **MARTINE.** Et que je ne sache pas trouver le moyen de te ranger à ton devoir ?

SGANARELLE. Ma femme, vous savez que je n'ai pas l'âme endurante[2], et que j'ai le bras assez bon.

MARTINE. Je me moque de tes menaces !

65   **SGANARELLE.** Ma petite femme, ma mie[3], votre peau vous démange, à votre ordinaire.

MARTINE. Je te montrerai bien que je ne te crains nullement.

SGANARELLE. Ma chère moitié, vous avez envie de me dérober quelque chose[4].

70   **MARTINE.** Crois-tu que je m'épouvante de tes paroles ?

---

1. **Saoul :** repus, rassasié. Le contexte permet aussi de jouer sur le sens de ivre.
2. **Endurante :** qui supporte les tourments avec patience.
3. **Ma mie :** ma chérie, mon ami (terme affectif).
4. **Me dérober quelque chose :** éviter, par exemple, une gifle ou des coups de bâton.

SGANARELLE. Doux objet de mes vœux, je vous frotterai les oreilles.

MARTINE. Ivrogne que tu es !

SGANARELLE. Je vous battrai.

75 **MARTINE.** Sac à vin !

SGANARELLE. Je vous rosserai[1].

MARTINE. Infâme !

SGANARELLE. Je vous étrillerai[2].

MARTINE. Traître, insolent, trompeur, lâche, coquin, pendard, 80 gueux, bélître, fripon, maraud, voleur[3] !…

SGANARELLE. *(Il prend un bâton, et lui en donne.)* Ah ! vous en voulez, donc.

MARTINE, criant. Ah! ah ! ah ! ah !

SGANARELLE. Voilà le vrai moyen de vous apaiser.

Scène 2 M. ROBERT, SGANARELLE, MARTINE.

M. ROBERT. Holà ! holà ! holà ! Fi ! Qu'est ceci ? Quelle infamie ! Peste soit le coquin de battre ainsi sa femme !

MARTINE, *les mains sur les côtés, lui parle en le faisant reculer, et à la fin lui donne un soufflet[4].* Et je veux qu'il me batte, moi.

---

1. **Rosser :** battre avec violence.
2. **Étriller :** à l'origine, nettoyer, peigner un cheval avec une brosse en fer ; d'où, ici : malmener, violenter.
3. **Traître […] voleur :** énumération de termes insultants qui tous désignent des hommes sans valeur, méprisables. Le « pendard » est littéralement celui qui mérite d'être pendu (l'équivalent actuel serait gibier de potence). « Bélître » désigne à l'origine un mendiant.
4. **Soufflet :** gifle (langage soutenu).

5   **M. ROBERT.** Ah ! j'y consens de tout mon cœur.

MARTINE. De quoi vous mêlez-vous ?

M. ROBERT. J'ai tort.

MARTINE. Est-ce là votre affaire ?

M. ROBERT. Vous avez raison.

10   **MARTINE.** Voyez un peu cet impertinent[1], qui veut empêcher les maris de battre leurs femmes !

M. ROBERT. Je me rétracte[2].

MARTINE. Qu'avez-vous à voir là-dessus ?

M. ROBERT. Rien.

15   **MARTINE.** Est-ce à vous, d'y mettre le nez ?

M. ROBERT. Non.

MARTINE. Mêlez-vous de vos affaires.

M. ROBERT. Je ne dis plus mot.

MARTINE. Il me plaît d'être battue.

20   **M. ROBERT.** D'accord.

MARTINE. Ce n'est pas à vos dépens.

M. ROBERT. Il est vrai.

MARTINE. Et vous êtes un sot, de venir vous fourrer où vous n'avez que faire.

25   **M. ROBERT.** *Il passe ensuite vers le mari, qui pareillement lui parle toujours en le faisant reculer, le frappe avec le même bâton, et le met en fuite ; il dit à la fin :* Compère[3], je vous demande pardon de tout mon cœur. Faites, rossez, battez, comme il faut, votre femme ; je vous aiderai si vous le voulez.

30   **SGANARELLE.** Il ne me plaît pas, moi.

M. ROBERT. Ah ! c'est une autre chose.

---

1. **Impertinent :** qui agit de façon stupide ou extravagante.
2. **Je me rétracte :** j'annule ce que je viens de dire, je le désavoue.
3. **Compère :** ami.

SGANARELLE. Je la veux battre, si je le veux ; et ne la veux pas battre, si je ne le veux pas.

M. ROBERT. Fort bien.

35 **SGANARELLE.** C'est ma femme, et non pas la vôtre.

M. ROBERT. Sans doute[1].

SGANARELLE. Vous n'avez rien à me commander.

M. ROBERT. D'accord.

SGANARELLE. Je n'ai que faire de votre aide.

40 **M. ROBERT.** Très volontiers.

SGANARELLE. Et vous êtes un impertinent, de vous ingérer[2] des affaires d'autrui. Apprenez que Cicéron[3] dit qu'entre l'arbre et le doigt il ne faut point mettre l'écorce[4]. *(Il bat M. Robert et le chasse. Ensuite il revient vers sa femme, et lui dit, en lui pressant la main :)*
45 Oh çà ! faisons la paix nous deux. Touche là[5].

MARTINE. Oui, après m'avoir ainsi battue !

SGANARELLE. Cela n'est rien, touche.

MARTINE. Je ne veux pas.

SGANARELLE. Eh ?

50 **MARTINE.** Non.

SGANARELLE. Ma petite femme.

MARTINE. Point.

SGANARELLE. Allons, te dis-je.

MARTINE. Je n'en ferai rien.

55 **SGANARELLE.** Viens, viens, viens.

MARTINE. Non, je veux être en colère.

---

1. **Sans doute :** sans nul doute, assurément.
2. **S'ingérer de :** se mêler de.
3. **Cicéron :** célèbre orateur et homme politique romain du Ier siècle av. J.-C.
4. **Entre l'arbre [...] l'écorce :** Sganarelle reprend ici un proverbe bien connu dont il inverse les termes : « Entre l'arbre et l'écorce, il ne faut pas mettre le doigt », ce qui signifie qu'il ne faut pas s'immiscer dans les affaires de famille.
5. **Touche là :** touche ma main (en signe d'accord).

SGANARELLE. Fi, c'est une bagatelle. Allons, allons.

MARTINE. Laisse-moi là.

SGANARELLE. Touche, te dis-je.

60 **MARTINE.** Tu m'as trop maltraitée.

SGANARELLE. Eh bien, va, je te demande pardon ; mets là ta main.

MARTINE. Je te pardonne. *(Elle dit le reste bas.)* Mais tu le payeras.

SGANARELLE. Tu es une folle, de prendre garde à cela : ce sont petites choses qui sont de temps en temps nécessaires dans l'ami-
65 tié, et cinq ou six coups de bâton, entre gens qui s'aiment, ne font que ragaillardir l'affection. Va je m'en vais au bois, et je te promets aujourd'hui plus d'un cent de fagots.

Scène 3 MARTINE, *seule.*

Va, quelque mine[1] que je fasse, je n'oublie pas mon ressentiment[2] et je brûle en moi-même de trouver les moyens de te punir des coups que tu me donnes. Je sais bien qu'une femme a toujours dans les mains de quoi se venger d'un mari, mais c'est une puni-
5 tion trop délicate pour mon pendard, je veux une vengeance qui se fasse un peu mieux sentir ; et ce n'est pas contentement[3] pour l'injure[4] que j'ai reçue.

---

1. **Mine :** expression du visage.
2. **Ressentiment :** rancune, rancœur.
3. **Ce n'est pas contentement :** cela ne suffit pas.
4. **Injure :** ne désigne pas seulement, comme au sens moderne, une parole offensante, mais un traitement injuste, une offense grave et délibérée.

Clefs d'analyse

Action

1. Relevez les didascalies dans la première scène. En quoi permettent-elles de distinguer différents moments de la progression dramatique ?

2. Montrez que l'on peut découper cette scène 1 en trois parties.

3. Comment s'achève la première scène ? À votre avis, qui, de Sganarelle ou de Martine, l'emporte ?

4. Comment la scène 2 s'enchaîne-t-elle à la précédente ?

Personnages

5. Qu'apprend-on sur Sganarelle dans la première scène ?

6. Étudiez l'apparition de M. Robert : a-t-il une fonction dans l'intrigue ?

7. Quel portrait pouvez-vous dresser de Martine à la fin de l'acte ?

Langue

8. À quoi renvoie le pronom « en » dans la première réplique ? Que devez-vous imaginer ?

9. Comment s'enchaînent les deux premières répliques ? Trouve-t-on, plus loin dans la scène, le même procédé ?

10. Expliquez « faiseur de fagots » (sc. 1, l. 11-12).

11. Relevez et étudiez les jeux de mots de Sganarelle scène 1, de la ligne 35 à la ligne 53. Quelle est la stratégie face aux reproches de Martine ?

12. À partir de la ligne 62 de la scène 1, comment Sganarelle s'adresse-t-il à sa femme ? Quels procédés nouveaux apparaissent et quel est leur effet ?

13. Expliquez « Apprenez que Cicéron dit qu'entre l'arbre et le doigt il ne faut point mettre l'écorce » (sc. 2, l. 42-43). Trouvez-vous ailleurs dans la scène le même procédé comique ?

14. Expliquez la dernière réplique de la première scène.

15. Relevez et étudiez quelques jurons.

16. Quels verbes apparaissent le plus fréquemment dans la scène 2 ? Quelles constructions syntaxiques sont reprises ?

Écriture

17. Rédigez une scène de théâtre où, à l'occasion d'une dispute, deux personnages en viennent à échanger des jurons. N'oubliez pas les didascalies…

Pour aller plus loin

18. Qu'est-ce qui vous permet de classer la pièce, dès ces premières scènes, dans le genre de la farce ?

19. Recherchez une autre pièce de Molière qui commence par une dispute.

20. Relevez l'aparté de Martine dans la scène 2. Quelle est sa fonction ? Pourriez-vous définir les différentes valeurs que peut avoir l'aparté au théâtre ?

21. De la scène 1 à la scène 2, puis de la scène 2 à la scène 3, de quel procédé comique Molière joue-t-il ?

22. Quelle est la fonction du monologue de Martine (sc. 3) ? Cherchez d'autres monologues dans le théâtre de Molière, ont-ils la même fonction ?

✷ À retenir

Les trois premières scènes constituent une attaque joyeuse de la pièce et la situent aussitôt dans le genre de la farce, entraînant le spectateur dans un climat de folie. Molière a choisi d'ouvrir sa pièce sur un mode vivant et extrêmement rapide, tout en livrant certaines informations sur Sganarelle qui auront une suite dans la pièce. Il ne s'agit donc pas d'une exposition figée, mais d'une exposition en action.

Scène 4 Valère, Lucas, Martine.

LUCAS. Parguienne[1] ! J'avons pris là tous deux une guèble[2] de commission[3] ; et je ne sais pas, moi, ce que je pensons attraper.

VALÈRE. Que veux-tu, mon pauvre nourricier[4] ? il faut bien obéir à notre maître : et puis, nous avons intérêt, l'un et l'autre, à la santé
5 de sa fille, notre maîtresse ; et sans doute son mariage, différé[5] par sa maladie, nous vaudrait quelque récompense. Horace qui est libéral[6], a bonne part aux prétentions qu'on peut avoir sur sa personne[7], et quoiqu'elle ait fait voir de l'amitié[8] pour un certain Léandre, tu sais bien que son père n'a jamais voulu consentir à le
10 recevoir pour son gendre.

MARTINE, *rêvant à part elle*. Ne puis-je point trouver quelque invention pour me venger ?

LUCAS. Mais quelle fantaisie s'est-il boutée là dans la tête[9], puisque les médecins y avont tous pardu leur latin ?

15 **VALÈRE.** On trouve quelquefois, à force de chercher, ce qu'on ne trouve pas d'abord ; et souvent, en de simples lieux[10].

MARTINE. Oui, il faut que je me venge, à quelque prix que ce soit : ces coups de bâton me reviennent au cœur, je ne les saurais

---

1. **Parguienne :** juron patois, équivalent de parbleu.
2. **Guèble :** diable en patois.
3. **Commission :** charge, mission qu'une personne reçoit de faire quelque chose. La phrase signifie : nous nous sommes chargés d'une tâche diablement difficile.
4. **Nourricier :** mari de la nourrice.
5. **Différé :** retardé.
6. **Libéral :** généreux.
7. **A bonne part [...] sur sa personne :** est le prétendant le mieux placé pour obtenir le mariage.
8. **Amitié :** amour.
9. **Quelle fantaisie [...] dans la tête ? :** quelle idée saugrenue s'est-il mise dans la tête ?
10. **De simples lieux :** des lieux fréquentés par des gens simples, c'est-à-dire qui n'appartiennent pas à la haute société.

digérer ; et… *(Elle dit tout ceci en rêvant, de sorte que, ne prenant*
20 *pas garde à ces deux hommes, elle les heurte en se retournant, et leur*
dit :) Ah ! Messieurs, je vous demande pardon ; je ne vous voyais
pas, et cherchais dans ma tête quelque chose qui m'embarrasse.

VALÈRE. Chacun a ses soins[1] dans le monde, et nous cherchons
aussi ce que nous voudrions bien trouver.

25 **MARTINE.** Serait-ce quelque chose où je vous puisse aider ?

VALÈRE. Cela se pourrait faire ; et nous tâchons de rencontrer
quelque habile homme, quelque médecin particulier[2] qui pût donner quelque soulagement à la fille de notre maître, attaquée d'une
maladie qui lui a ôté tout d'un coup l'usage de la langue. Plusieurs
30 médecins ont déjà épuisé toute leur science après elle ; mais on
trouve parfois des gens avec des secrets admirables, de certains
remèdes particuliers, qui font le plus souvent ce que les autres
n'ont su faire, et c'est là ce que nous cherchons.

MARTINE *(Elle dit ces premières lignes bas.)* Ah ! que le Ciel m'ins-
35 pire une admirable invention pour me venger de mon pendard.
(Haut.) Vous ne pouviez jamais vous mieux adresser pour rencontrer ce que vous cherchez ; et nous avons ici, un homme, le plus
merveilleux homme du monde pour les maladies désespérées.

VALÈRE. Et, de grâce, où pouvons-nous le rencontrer ?

40 **MARTINE.** Vous le trouverez maintenant vers ce petit lieu que
voilà, qui s'amuse à couper du bois.

LUCAS. Un médecin qui coupe du bois !

VALÈRE. Qui s'amuse à cueillir des simples[3], voulez-vous dire ?

MARTINE. Non ; c'est un homme extraordinaire qui se plaît à cela,
45 fantasque[4], bizarre, quinteux[5], et que vous ne prendriez jamais
pour ce qu'il est. Il va vêtu d'une façon extravagante, affecte quelquefois de paraître ignorant, tient sa science renfermée, et ne fuit

---

1. **Soins :** soucis.
2. **Particulier :** original, peu ordinaire.
3. **Simples :** plantes médicinales.
4. **Fantasque :** sujet à des fantaisies, à des sautes d'humeur.
5. **Quinteux :** bizarre, capricieux.

rien tant tous les jours que[1] d'exercer les merveilleux talents qu'il a eus du Ciel pour la médecine.

50 **VALÈRE.** C'est une chose admirable que tous les grands hommes ont toujours du caprice, quelque petit grain de folie mêlé à leur science.

MARTINE. La folie de celui-ci, est plus grande qu'on ne peut croire, car elle va parfois jusqu'à vouloir être battu pour demeu- 55 rer d'accord de sa capacité[2] ; et je vous donne avis que[3] vous n'en viendrez pas à bout, qu'il n'avouera jamais qu'il est médecin, s'il se le met en fantaisie[4], que vous ne preniez[5] chacun un bâton, et ne le réduisiez, à force de coups, à vous confesser à la fin, ce qu'il vous cachera d'abord. C'est ainsi que nous en usons quand nous 60 avons besoin de lui.

VALÈRE. Voilà une étrange folie !

MARTINE. Il est vrai ; mais, après cela, vous verrez qu'il fait des merveilles.

VALÈRE. Comment s'appelle-t-il ?

65 **MARTINE.** Il s'appelle Sganarelle. Mais il est aisé à connaître[6] : c'est un homme qui a une large barbe noire, et qui porte une fraise[7], avec un habit jaune et vert.

LUCAS. Un habit jaune et vert ! C'est donc le médecin des paroquets ?

70 **VALÈRE.** Mais est-il bien vrai qu'il soit si habile que vous le dites ?

MARTINE. Comment ? C'est un homme qui fait des miracles. Il y a six mois qu'une femme fut abandonnée de tous les autres

---

1. **Ne fuit rien tant [...] que :** évite, s'abstient surtout de.
2. **Demeurer d'accord de sa capacité :** convenir de sa compétence, reconnaître ce qu'il sait faire.
3. **Je vous donne avis que :** je vous avertis.
4. **S'il se le met en fantaisie :** s'il lui en prend la folie.
5. **Que vous ne preniez :** à moins que vous ne preniez.
6. **Connaître :** reconnaître.
7. **Fraise :** grand col plissé et empesé que portaient les hommes et les femmes au début du XVIe siècle. Cette mode vestimentaire était donc totalement dépassée à l'époque de Molière.

médecins : on la tenait morte il y avait déjà six heures, et l'on se disposait à l'ensevelir, lorsqu'on y fit venir de force l'homme dont nous parlons. Il lui mit, l'ayant vue, une petite goutte de je ne sais quoi dans la bouche ; et, dans le même instant, elle se leva de son lit et se mit aussitôt à se promener dans sa chambre comme si de rien n'eût été.

LUCAS. Ah !

VALÈRE. Il fallait que ce fût quelque goutte d'or potable[1].

MARTINE. Cela pourrait bien être. Il n'y a pas trois semaines, encore qu'un jeune enfant de douze ans tomba du haut du clocher en bas, et se brisa sur le pavé la tête, les bras et les jambes. On n'y eut pas plus tôt amené notre homme qu'il le frotta par tout le corps d'un certain onguent[2] qu'il sait faire ; et l'enfant aussitôt se leva sur ses pieds et courut jouer à la fossette[3].

LUCAS. Ah !

VALÈRE. Il faut que cet homme-là, ait la médecine universelle[4].

MARTINE. Qui en doute ?

LUCAS. Testigué ![5] vela justement l'homme qu'il nous faut. Allons vite le chercher.

VALÈRE. Nous vous remercions du plaisir que vous nous faites.

MARTINE. Mais souvenez-vous bien au moins de l'avertissement que je vous ai donné.

LUCAS. Eh ! morguenne ![6] laissez-nous faire : s'il ne tient qu'à battre, la vache est à nous.

VALÈRE, *à Lucas.* Nous sommes bien heureux d'avoir fait cette rencontre ; et j'en conçois, pour moi, la meilleure espérance du monde.

---

1. **Or potable :** potion contenant de l'or à laquelle on attribuait des fonctions miraculeuses.
2. **Onguent :** pommade.
3. **Jouer à la fossette :** jouer aux billes.
4. **La médecine universelle :** un médicament capable de guérir toutes les maladies.
5. **Testigué !** juron patois signifiant « par la tête de Dieu ! ».
6. **Morguenne !** : juron patois équivalent de « morbleu ! ».

Le Médecin malgré lui, mise en scène d'Yves Le Guillochet
avec Anne Leblanc (Martine),
Théâtre Dejazet, Paris, 2001.

Scène 5 Sganarelle, Valère, Lucas.

Sganarelle *entre sur le théâtre en chantant et tenant une bouteille.* La, la, la…

Valère. J'entends quelqu'un qui chante, et qui coupe du bois.

Sganarelle. La, la, la… Ma foi, c'est assez travaillé pour boire un
5 coup. Prenons un peu d'haleine. *(Il boit et dit après avoir bu :)* Voilà
du bois qui est salé[1] comme tous les diables. *(Il chante.)*

      Qu'ils sont doux,
      Bouteille jolie,
      Qu'ils sont doux,
10   Vos petits glougloux !
      Mais mon sort ferait bien des jaloux,
      Si vous étiez toujours remplie.
      Ah ! bouteille, ma mie,
      Pourquoi vous videz-vous ?
15 Allons, morbleu ! il ne faut point engendrer de mélancolie.

Valère, *bas, à Lucas.* Le voilà lui-même.

Lucas, *bas, à Valère.* Je pense que vous dites vrai, et que j'avons
bouté le nez dessus.

Valère. Voyons de près.

20 **Sganarelle,** *les apercevant, les regarde en se tournant vers l'un
puis vers l'autre, et abaissant sa voix, dit en embrassant sa bouteille.*
Ah ! ma petite friponne ! que je t'aime, mon petit bouchon ! *(Il
chante.)*

      Mais mon sort… ferait… bien des jaloux,
25   Si…
Que diable ! à qui en veulent ces gens-là ?

Valère, *à Lucas.* C'est lui assurément.

---

1. **Du bois qui est salé :** jeu de mots. Selon Sganarelle, couper du bois, comme avaler
un aliment salé, donne soif.

LUCAS, *à Valère.* Le velà tout craché comme on nous l'a défiguré[1].

SGANARELLE, *à part. (Ici il pose la bouteille à terre, et Valère se*
30 *baissant pour le saluer, comme il croit que c'est à dessein[2] de la prendre, il*
la met de l'autre côté ; ensuite de quoi, Lucas faisant la même chose,
il la reprend et la tient contre son estomac, avec divers gestes qui font
un grand jeu de théâtre.) Ils consultent[3] en me regardant. Quel dessein auraient-ils ?

35 **VALÈRE.** Monsieur, n'est-ce pas vous qui vous appelez Sganarelle ?

SGANARELLE. Eh ! quoi ?

VALÈRE. Je vous demande si ce n'est pas vous qui se nomme
Sganarelle.

SGANARELLE, *se tournant vers Valère, puis vers Lucas.* Oui et non,
40 selon ce que vous lui voulez.

VALÈRE. Nous ne voulons que lui faire toutes les civilités[4] que
nous pourrons.

SGANARELLE. En ce cas, c'est moi qui se nomme Sganarelle.

VALÈRE. Monsieur, nous sommes ravis de vous voir. On nous
45 a adressés à vous pour ce que nous cherchons ; et nous venons
implorer votre aide, dont nous avons besoin.

SGANARELLE. Si c'est quelque chose, Messieurs, qui dépende de
mon petit négoce[5], je suis tout prêt à vous rendre service.

VALÈRE. Monsieur, c'est trop de grâce que vous nous faites. Mais,
50 Monsieur, couvrez-vous, s'il vous plaît ; le soleil pourrait vous
incommoder.

LUCAS. Monsieu, boutez dessus[6].

SGANARELLE, *à part.* Voici des gens bien pleins de cérémonie[7]. *(Il
se couvre.)*

---

1. **Défiguré :** décrit.
2. **À dessein :** dans le but.
3. **Ils consultent :** ils se consultent, s'interrogent.
4. **Civilités :** politesses.
5. **Négoce :** commerce.
6. **Boutez dessus :** mettez votre chapeau sur votre tête.
7. **Cérémonie :** démonstration, souvent excessive, de courtoisie, de politesse.

55 **VALÈRE.** Monsieur, il ne faut pas trouver étrange que nous venions à vous : les habiles gens sont toujours recherchés, et nous sommes instruits de votre capacité.

SGANARELLE. Il est vrai, Messieurs, que je suis le premier homme du monde, pour faire des fagots.

60 **VALÈRE.** Ah ! Monsieur !

SGANARELLE. Je n'y épargne aucune chose, et les fais d'une façon qu'il n'y a rien à dire.

VALÈRE. Monsieur, ce n'est pas cela dont il est question.

SGANARELLE. Mais aussi je les vends cent dix sols[1] le cent.

65 **VALÈRE.** Ne parlons point de cela, s'il vous plaît.

SGANARELLE. Je vous promets que je ne saurais les donner à moins.

VALÈRE. Monsieur, nous savons les choses.

SGANARELLE. Si vous savez les choses, vous savez que je les 70 vends cela.

VALÈRE. Monsieur, c'est se moquer que…

SGANARELLE. Je ne me moque point, je n'en puis rien rabattre[2].

VALÈRE. Parlons d'autre façon, de grâce.

SGANARELLE. Vous en pourrez trouver autre part à moins : il y a 75 fagots et fagots ; mais pour ceux que je fais…

VALÈRE. Eh ! Monsieur, laissons là ce discours.

SGANARELLE. Je vous jure que vous ne les auriez pas, s'il s'en fallait un double[3].

VALÈRE. Eh ! fi !

80 **SGANARELLE.** Non, en conscience ; vous en payerez cela. Je vous parle sincèrement, et ne suis pas homme à surfaire[4].

---

1. **Sol :** ancienne monnaie ; cent dix sols constituent le prix d'une place dans les loges en 1666.
2. **Je n'en puis rien rabattre :** je ne peux en baisser le prix.
3. **S'il s'en fallait un double :** même si vous m'en donniez seulement un double, c'est-à-dire deux deniers de moins.
4. **Surfaire :** demander une somme excessive.

VALÈRE. Faut-il, Monsieur, qu'une personne comme vous s'amuse à ces grossières feintes ? s'abaisse à parler de la sorte ? qu'un homme si savant, un fameux médecin comme vous êtes, veuille
85 se déguiser aux yeux du monde, et tenir enterrés les beaux talents qu'il a ?

SGANARELLE, *à part.* Il est fou.

VALÈRE. De grâce, Monsieur, ne dissimulez point avec nous.

SGANARELLE. Comment ?

90 **LUCAS.** Tout ce tripotage ne sart de rian ; je savons ce que je savons.

SGANARELLE. Quoi donc ! que me voulez-vous dire ? Pour qui me prenez-vous ?

VALÈRE. Pour ce que vous êtes, pour un grand médecin.

95 **SGANARELLE.** Médecin vous-même ; je ne le suis point, et ne l'ai jamais été.

VALÈRE, *bas.* Voilà sa folie qui le tient. *(Haut.)* Monsieur, ne veuillez point nier les choses davantage : et n'en venons point, s'il vous plaît, à de fâcheuses extrémités.

100 **SGANARELLE.** Quoi donc ?

VALÈRE. De certaines choses dont nous serions marris[1].

SGANARELLE. Parbleu, venez-en à tout ce qu'il vous plaira, je ne suis point médecin, et ne sais ce que vous me voulez dire.

VALÈRE, *bas.* Je vois bien qu'il faut se servir du remède. *(Haut.)*
105 Monsieur, encore un coup, je vous prie d'avouer ce que vous êtes.

LUCAS. Eh ! testigué ![2] ne lantiponez[3] point davantage, et confessez à la franquette[4] que v's êtes médecin.

SGANARELLE, *à part.* J'enrage !

VALÈRE. À quoi bon nier ce qu'on sait ?

---

1. **Marris :** fâchés.
2. **Testigué !** : juron patois signifiant « par la tête de Dieu ! ».
3. **Lantiponer :** perdre du temps, traînasser.
4. **À la franquette :** franchement, sans cérémonie.

110 **LUCAS.** Pourquoi toutes ces fraimes[1]-là ? À quoi est-ce que ça vous sart ?

SGANARELLE. Messieurs, en un mot autant qu'en deux mille, je vous dis que je ne suis point médecin.

VALÈRE. Vous n'êtes point médecin ?

115 **SGANARELLE.** Non.

LUCAS. V'n'êtes pas médecin ?

SGANARELLE. Non, vous dis-je !

VALÈRE. Puisque vous le voulez, il faut donc s'y résoudre. *(Ils prennent un bâton et le frappent.)*

120 **SGANARELLE.** Ah ! Ah ! Messieurs ! je suis tout ce qu'il vous plaira.

VALÈRE. Pourquoi, Monsieur, nous obligez-vous à cette violence ?

LUCAS. À quoi bon nous bailler[2] la peine de vous battre ?

VALÈRE. Je vous assure que j'en ai tous les regrets du monde.

LUCAS. Par ma figué ![3] j'en sis fâché franchement.

125 **SGANARELLE.** Que diable est ceci, Messieurs ? De grâce, est-ce pour rire ou si tous deux vous extravaguez[4], de vouloir que je sois médecin ?

VALÈRE. Quoi ! vous ne vous rendez pas encore, et vous vous défendez d'être médecin ?

130 **SGANARELLE.** Diable emporte si je le suis !

LUCAS. Il n'est pas vrai qu'ous sayez médecin ?

SGANARELLE. Non, la peste m'étouffe ! *(Là, ils recommencent de le battre.)* Ah ! ah ! Eh bien, Messieurs, oui, puisque vous le voulez, je suis médecin, je suis médecin ; apothicaire[5] encore, si vous le trou-
135 vez bon. J'aime mieux consentir à tout que de me faire assommer.

---

1. **Fraimes :** manières.
2. **Bailler :** donner.
3. **Par ma figué !** : juron patois signifiant « par ma foi ».
4. **Extravaguer :** divaguer, délirer.
5. **Apothicaire :** homme qui préparait et vendait les potions prescrites par les méde-cins (l'équivalent du pharmacien aujourd'hui), mais qui avait aussi pour charge de pratiquer les lavements et les saignées.

VALÈRE. Ah ! voilà qui va bien, Monsieur : je suis ravi de vous voir raisonnable.

LUCAS. Vous me boutez la joie au cœur, quand je vous vois parler comme ça.

140 **VALÈRE.** Je vous demande pardon de toute mon âme.

LUCAS. Je vous demandons excuse de la liberté que j'avons prise.

SGANARELLE, *à part*. Ouais ! serait-ce bien moi qui me tromperais, et serais-je devenu médecin sans m'en être aperçu ?

VALÈRE. Monsieur, vous ne vous repentirez pas de nous montrer
145 ce que vous êtes ; et vous verrez assurément que vous en serez satisfait.

SGANARELLE. Mais, Messieurs, dites-moi, ne vous trompez-vous point vous-mêmes ? Est-il bien assuré que je sois médecin ?

LUCAS. Oui, par ma figué !

150 **SGANARELLE.** Tout de bon ?

VALÈRE. Sans doute.

SGANARELLE. Diable emporte si je le savais !

VALÈRE. Comment ! Vous êtes le plus habile médecin du monde.

SGANARELLE. Ah ! ah !

155 **LUCAS.** Un médecin qui a guéri je ne sais combien de maladies.

SGANARELLE. Tudieu !

VALÈRE. Une femme était tenue pour morte il y avait six heures ; elle était prête à ensevelir, lorsque, avec une goutte de quelque chose, vous la fîtes revenir et marcher d'abord par la chambre.

160 **SGANARELLE.** Peste !

LUCAS. Un petit enfant de douze ans se laissit choir[1] du haut d'un clocher, de quoi il eut la tête, les jambes et les bras cassés ; et vous, avec je ne sais quel onguent, vous fîtes qu'aussitôt il se relevit sur ses pieds, et s'en fut jouer à la fossette.

165 **SGANARELLE.** Diantre !

---

1. **Choir :** tomber.

VALÈRE. Enfin, Monsieur, vous aurez contentement avec nous et vous gagnerez ce que vous voudrez, en vous laissant conduire où nous prétendons vous mener.

SGANARELLE. Je gagnerai ce que je voudrai ?

170 **VALÈRE.** Oui.

SGANARELLE. Ah ! je suis médecin, sans contredit. Je l'avais oublié ; mais je m'en ressouviens. De quoi est-il question ? Où faut-il se transporter ?

VALÈRE. Nous vous conduirons. Il est question d'aller voir une
175 fille, qui a perdu la parole.

SGANARELLE. Ma foi, je ne l'ai pas trouvée.

VALÈRE, *bas, à Lucas.* Il aime à rire. *(À Sganarelle.)* Allons, Monsieur.

SGANARELLE. Sans une robe de médecin ?

VALÈRE. Nous en prendrons une.

180 **SGANARELLE,** *présentant sa bouteille à Valère.* Tenez cela, vous : voilà où je mets mes juleps[1]. *(Puis se tournant vers Lucas en crachant.)* Vous, marchez là-dessus, par ordonnance du médecin.

LUCAS. Palsanguenne ![2] velà un médecin qui me plaît ; je pense qu'il réussira, car il est bouffon.

---

1. **Juleps :** potions sucrées.
2. **Palsanguenne ! :** juron patois signifiant « par le sang de Dieu ! ».

Dessin de François Boucher pour *Le Médecin malgré lui*,
XVIIIe siècle.

LE MEDECIN MALGRÉ LUY

Gravure de Saussure d'après un dessin de Pierre Brissart
pour *Le Médecin malgré lui*, édition de 1682.

Clefs d'analyse

Action

1. Quelle nouvelle intrigue est révélée dans la scène 4 ?

2. La scène 5 permet un retournement de situation. Lequel ? Quand se produit-il ? Quel trait de caractère découvrez-vous chez Sganarelle ?

3. Étudiez le comique gestuel dans la scène 5. Outre le bâton, quel est l'autre objet scénique important ?

4. Étudiez le jeu de scène à la fin de l'acte I. Quel est son effet ?

5. Quelle est l'attente du spectateur à la fin de l'acte I ?

Personnages

6. Quels nouveaux personnages apparaissent à la scène 4 ?

7. Quel mot essentiel, utilisé par Sganarelle à la scène 1 et repris par Lucas, réapparaît en début de la scène 4 ? En quoi cela contribue-t-il à l'attente du spectateur ?

8. Comment Martine s'y prend-elle pour convaincre ses interlocuteurs que Sganarelle est médecin ?

9. Quels éléments du caractère de Sganarelle, déjà apparus à la première scène, réapparaissent au début de la scène 5 ?

Langue

10. Comment définiriez-vous le langage de Lucas ? Donnez des exemples.

11. Comparez les répliques de Valère et Lucas et analysez l'effet comique.

12. Expliquez les mots de Lucas : « pardu » (sc. 4, l. 14), « paroquets » (sc. 4, l. 69), « vela » (sc. 4, l. 90), « ne sart de rian » (sc. 5, l. 90).

13. Relevez les deux passages de récit dans la scène 4. Quel titre pourriez-vous leur donner ?

14. Comparez les récits de guérison faits par Martine dans la scène 4 et leur transcription dans la scène 5. Qu'en déduisez-vous ?

15. Relevez et classez les procédés comiques exploités dans la scène 5.

Écriture

16. Faites parler, à la première personne, un personnage qui fait des fautes de grammaire et de vocabulaire.

Pour aller plus loin

17. En quoi peut-on dire que la scène 4 inaugure dans la pièce la satire de la médecine ?

18. En quoi la scène 5 obéit-elle au programme proposé par le titre de la pièce ?

19. De la première scène à la dernière scène de l'acte, Sganarelle, le mari qui bat sa femme, devient lui-même victime de la bastonnade. Connaissez-vous d'autres histoires qui exploitent ce comique du renversement ?

20. Cherchez d'autres valets paysans dans une pièce de Molière.

✳ À retenir

Le premier acte est une farce à lui tout seul :
le stratagème de Martine a réussi puisqu'elle se venge des coups de bâton qu'elle a reçus par ceux qu'infligent à son mari Valère et Lucas. Mais une autre intrigue surgit, celle du mariage empêché. Et le spectateur s'interroge : comment le fagotier va-t-il pouvoir jouer son rôle de médecin ? Sganarelle va désormais être ce médecin malgré lui programmé par le titre.

Clefs d'analyse

49

ACTE II

Une chambre de la maison de Géronte.

Scène 1 GÉRONTE, VALÈRE, LUCAS, JACQUELINE.

VALÈRE. Oui, Monsieur, je crois que vous serez satisfait ; et nous vous avons amené le plus grand médecin du monde.

LUCAS. Oh ! morguenne ! il faut tirer l'échelle après ceti-là[1] : et tous les autres ne sont pas daignes de li déchausser ses souillez.

5 **VALÈRE.** C'est un homme qui a fait des cures[2] merveilleuses.

LUCAS. Qui a gari des gens qui estiants morts.

VALÈRE. Il est un peu capricieux, comme je vous ai dit ; et, parfois, il a des moments où son esprit s'échappe, et ne paraît pas ce qu'il est.

10 **LUCAS.** Oui, il aime à bouffonner, et l'an dirait parfois, ne v's en déplaise, qu'il a quelque petit coup de hache à la tête.

VALÈRE. Mais, dans le fond, il est toute science ; et bien souvent il dit des choses tout à fait relevées[3].

LUCAS. Quand il s'y boute[4], il parle tout fin drait[5] comme s'il lisait 15 dans un livre.

VALÈRE. Sa réputation s'est déjà répandue ici ; et tout le monde vient à lui.

GÉRONTE. Je meurs d'envie de le voir ; faites-le-moi vite venir.

---

1. **Il faut tirer l'échelle après ceti-là :** personne ne peut être comparé à cet homme-là.
2. **A fait des cures :** a obtenu des guérisons.
3. **Tout à fait relevées :** qui manifestent beaucoup d'intelligence et de savoir.
4. **Quand il s'y boute :** quand il s'y met.
5. **Tout fin drait :** tout fin droit, c'est-à-dire exactement.

VALÈRE. Je vais le quérir[1].

20 **JACQUELINE.** Par ma fî, Monsieur, ceti-ci fera justement ce qu'ant fait les autres. Je pense que ce sera queussi queumi[2], et la meilleure médeçaine, que l'an pourrait bailler à votre fille, ce serait, selon moi, un biau et bon mari, pour qui alle eût de l'amiquié[3].

GÉRONTE. Ouais ! nourrice, ma mie, vous vous mêlez de bien des
25 choses !

LUCAS. Taisez-vous, notre minagère Jaquelaine , ce n'est pas à vous à bouter là votre nez.

JACQUELINE. Je vous dis et vous douze que tous ces médecins n'y feront rian que de l'iau claire ; que votre fille a besoin d'autre
30 chose que de ribarbe et de sené[4], et qu'un mari est un emplâtre[5] qui garit tous les maux des filles.

GÉRONTE. Est-elle en état maintenant qu'on s'en voulût charger, avec l'infirmité qu'elle a ? Et lorsque j'ai été dans le dessein de la marier, ne s'est-elle pas opposée à mes volontés ?

35 **JACQUELINE.** Je le crois bian, vous l'y vouilliez bailler cun homme qu'alle n'aime point. Que ne preniais-vous ce Monsieu Liandre, qui li touchait au cœur ? Alle aurait été fort obéissante ; et je m'en vas gager qu'il la prendrait, li, comme alle est, si vous la li vouilliez donner.

40 **GÉRONTE.** Ce Léandre n'est pas ce qu'il lui faut ; il n'a pas du bien comme l'autre.

JACQUELINE. Il a un oncle qui est si riche, dont il est hériquié.

GÉRONTE. Tous ces biens à venir me semblent autant de chansons[6]. Il n'est rien tel que ce qu'on tient ; et l'on court grand risque

---

1. **Quérir :** chercher.
2. **Queussi queumi :** du pareil au même.
3. **Pour qui alle eût de l'amiquié :** pour qui elle aurait de l'amour.
4. **De ribarbe et de séné :** la rhubarbe et le séné (drogue obtenue avec les gousses de ce petit arbre) étaient couramment employés par les médecins de l'époque pour leurs vertus laxatives.
5. **Emplâtre :** pâte épaisse que l'on applique sur la peau pour la faire adhérer (le mot est masculin).
6. **Chansons :** fariboles, choses de rien.

45 de s'abuser[1], lorsque l'on compte sur le bien qu'un autre vous garde. La mort n'a pas toujours les oreilles ouvertes aux vœux et aux prières de Messieurs les héritiers ; et l'on a le temps d'avoir les dents longues[2], lorsqu'on attend pour vivre, le trépas[3] de quelqu'un.

50 **JACQUELINE.** Enfin j'ai toujours ouï dire qu'en mariage, comme ailleurs, contentement passe richesse[4]. Les bères et les mères ant cette maudite couteume de demander toujours : « Qu'a-t-il ? » et « Qu'a-t-elle ? » et le compère Biarre[5] a marié sa fille Simonette au gros Thomas pour un quarquié de vaigne[6] qu'il avait davantage
55 que le jeune Robin, où alle avait bouté son amiquié ; et velà que la pauvre creiature en est devenue jaune comme un coing, et n'a point profité tout[7] depuis ce temps-là. C'est un bel exemple pour vous, Monsieu. On n'a que son plaisir en ce monde ; et j'aimerais mieux bailler à ma fille un bon mari qui li fût agriable, que toutes
60 les rentes de la Biausse[8].

GÉRONTE. Peste ! Madame la nourrice, comme vous dégoisez[9] ! Taisez-vous, je vous prie, vous prenez trop de soin[10], et vous échauffez votre lait.

LUCAS, *en disant ceci, il frappe sur la poitrine de Géronte.* Morgué !
65 tais-toi, t'es cune impartinante. Monsieu n'a que faire de tes discours, et il sait ce qu'il a à faire. Mêle-toi de donner à téter à ton enfant, sans tant faire la raisonneuse. Monsieu est le père de sa fille ; et il est bon et sage pour voir ce qu'il faut.

---

1. **S'abuser :** se tromper.
2. **Avoir les dents longues :** avoir faim.
3. **Trépas :** mort, décès (registre soutenu).
4. **Contentement passe richesse :** dicton populaire qui signifie « mieux vaut le bonheur que la richesse ».
5. **Biarre :** Pierre, en patois.
6. **Un quarquié de vaigne :** un quartier de vigne (le quart d'un arpent, soit à peu près 1 000 m²).
7. **Tout :** du tout.
8. **Biausse :** déformation du nom Beauce, région agricole réputée pour la richesse de ses terres.
9. **Dégoiser :** ne pas cesser de parler (familier et péjoratif).
10. **Vous prenez trop de soin :** vous vous faites trop de souci.

GÉRONTE. Tout doux ! Oh ! tout doux !

70 **LUCAS,** *frappant encore sur la poitrine de Géronte.* Monsieur, je veux un peu la mortifier[1], et li apprendre le respect qu'alle vous doit.

GÉRONTE. Oui ; mais ces gestes ne sont pas nécessaires.

Scène 2 VALÈRE, SGANARELLE, GÉRONTE, LUCAS, JACQUELINE.

VALÈRE. Monsieur, préparez-vous. Voici notre médecin qui entre.

GÉRONTE, *à Sganarelle.* Monsieur, je suis ravi de vous voir chez moi , et nous avons grand besoin de vous.

SGANARELLE, *en robe de médecin, avec un chapeau des plus pointus.*
5 Hippocrate[2] dit... que nous nous couvrions tous deux.

GÉRONTE. Hippocrate dit cela ?

SGANARELLE. Oui.

GÉRONTE. Dans quel chapitre, s'il vous plaît ?

SGANARELLE. Dans son chapitre... des chapeaux.

10 **GÉRONTE.** Puisque Hippocrate le dit, il le faut faire.

SGANARELLE. Monsieur le médecin, ayant appris les merveilleuses choses...

GÉRONTE. À qui parlez-vous, de grâce ?

SGANARELLE. À vous.

---

1. **Mortifier :** punir.
2. **Hippocrate :** célèbre médecin grec du IVe siècle av. J.-C., auteur de nombreux traités et du fameux *Serment* que prêtaient, et que prêtent encore, les futurs médecins.

53

15 **GÉRONTE.** Je ne suis pas médecin.

SGANARELLE. Vous n'êtes pas médecin ?

GÉRONTE. Non, vraiment.

SGANARELLE, *prend ici un bâton et le bat comme on l'a battu.* Tout de bon ?

20 **GÉRONTE.** Tout de bon. Ah ! ah ! ah !

SGANARELLE. Vous êtes médecin, maintenant, je n'ai jamais eu d'autres licences[1].

GÉRONTE, *à Valère.* Quel diable d'homme m'avez-vous là amené ?

VALÈRE. Je vous ai bien dit que c'était un médecin goguenard[2].

25 **GÉRONTE.** Oui, mais je l'envoirais promener avec ses goguenarderies.

LUCAS. Ne prenez pas garde à ça, Monsieu ; ce n'est que pour rire.

GÉRONTE. Cette raillerie ne me plaît pas.

SGANARELLE. Monsieur, je vous demande pardon de la liberté que j'ai prise.

30 **GÉRONTE.** Monsieur, je suis votre serviteur[3].

SGANARELLE. Je suis fâché…

GÉRONTE. Cela n'est rien.

SGANARELLE. Des coups de bâton…

GÉRONTE. Il n'y a pas de mal.

35 **SGANARELLE.** Que j'ai eu l'honneur de vous donner.

GÉRONTE. Ne parlons plus de cela, Monsieur, j'ai une fille qui est tombée dans une étrange maladie.

SGANARELLE. Je suis ravi, Monsieur, que votre fille ait besoin de moi ; et je souhaiterais de tout mon cœur que vous en eussiez
40 besoin aussi, vous et toute votre famille, pour vous témoigner l'envie que j'ai de vous servir.

---

1. **Licences :** diplômes qui donnent le droit d'exercer la médecine.

2. **Goguenard :** qui aime à plaisanter.

3. **Je suis votre serviteur :** formule de politesse, ici destinée à mettre fin à la conversation.

GÉRONTE. Je vous suis obligé de[1] ces sentiments.

SGANARELLE. Je vous assure que c'est du meilleur de mon âme que je vous parle.

45 **GÉRONTE.** C'est trop d'honneur que vous me faites.

SGANARELLE. Comment s'appelle votre fille ?

GÉRONTE. Lucinde.

SGANARELLE. Lucinde ! Ah ! beau nom à médicamenter ! Lucinde !

GÉRONTE. Je m'en vais voir un peu ce qu'elle fait.

50 **SGANARELLE.** Qui est cette grande femme-là ?

GÉRONTE. C'est la nourrice d'un petit enfant que j'ai.

SGANARELLE, *à part.* Peste ! le joli meuble que voilà ! *(Haut.)* Ah ! nourrice, charmante nourrice, ma médecine est la très humble esclave de votre nourricerie[2], et je voudrais bien être le petit pou-
55 pon fortuné[3] qui tétât le lait *(Il lui porte la main sur le sein)* de vos bonnes grâces[4]. Tous mes remèdes, toute ma science, toute ma capacité[5] est à votre service, et…

LUCAS. Avec votte parmission, Monsieu le Médecin, laissez là ma femme, je vous prie.

60 **SGANARELLE.** Quoi ! est-elle votre femme ?

LUCAS. Oui.

SGANARELLE *fait semblant d'embrasser Lucas et, se tournant du côté de la nourrice, il l'embrasse.* Ah ! vraiment, je ne savais pas cela, et je m'en réjouis pour l'amour de l'un et de l'autre.

65 **LUCAS,** *en le tirant.* Tout doucement, s'il vous plaît.

SGANARELLE. Je vous assure que je suis ravi que vous soyez unis ensemble. Je la félicite d'avoir *(Il fait encore semblant d'embrasser*

---

1. **Je vous suis obligé de :** je vous remercie de, je vous suis reconnaissant de.
2. **Nourricerie :** terme inventé par Molière. L'art d'être nourrice.
3. **Fortuné :** heureux.
4. **Grâces :** désigne de manière abstraite le charme d'une femme, son attrait. Ici, le geste de Sganarelle souligne que ces « bonnes grâces » sont, très concrètement, les formes généreuses de la nourrice.
5. **Capacité :** savoir-faire, récompense.

Lucas et, passant dessous ses bras, se jette au cou de sa femme) un mari comme vous ; et je vous félicite, vous, d'avoir une femme si
70 belle, si sage, et si bien faite comme elle est.

LUCAS, *en le tirant encore.* Eh ! testigué ! point tant de compliments, je vous supplie.

SGANARELLE. Ne voulez-vous pas que je me réjouisse avec vous d'un si bel assemblage ?

75 **LUCAS.** Avec moi, tant qu'il vous plaira ; mais avec ma femme, trêve de sarimonie.

SGANARELLE. Je prends part également au bonheur de tous deux ; et *(il continue le même jeu)* si je vous embrasse pour vous témoigner ma joie, je l'embrasse de même pour lui en témoigner aussi.

80 **LUCAS,** *en le tirant derechef.* Ah ! vartigué[1], Monsieur le Médecin, que de lantiponages[2] !

Scène 3 SGANARELLE, GÉRONTE, LUCAS, JACQUELINE.

GÉRONTE. Monsieur, voici tout à l'heure[3] ma fille qu'on va vous amener.

SGANARELLE. Je l'attends, Monsieur, avec toute la médecine.

GÉRONTE. Où est-elle ?

5 **SGANARELLE,** *se touchant le front.* Là dedans…

GÉRONTE. Fort bien.

---

1. **Vartigué :** juron en patois.
2. **Lantiponages :** discours inutiles.
3. **Tout à l'heure :** bientôt, dans un instant.

SGANARELLE, *en voulant toucher les tétons de la nourrice.* Mais, comme je m'intéresse à toute votre famille, il faut que j'essaye un peu le lait de votre nourrice, et que je visite[1] son sein.

10 **LUCAS**, *le tirant, en lui faisant faire la pirouette.* Nanin[2], nanin, je n'avons que faire de ça.

SGANARELLE. C'est l'office[3] du médecin, de voir les tétons des nourrices.

LUCAS. Il gnia office qui quienne, je sis votte sarviteur.

15 **SGANARELLE.** As-tu bien la hardiesse de t'opposer au médecin ? Hors de là !

LUCAS. Je me moque de ça.

SGANARELLE, *en le regardant de travers.* Je te donnerai la fièvre.

JACQUELINE, *prenant Lucas par le bras, et lui faisant aussi faire la*
20 *pirouette.* Ôte-toi de là aussi. Est-ce que je ne sis pas assez grande pour me défendre moi-même, s'il me fait quelque chose qui ne soit pas à faire ?

LUCAS. Je ne veux pas qu'il te tâte, moi.

SGANARELLE. Fi, le vilain, qui est jaloux de sa femme !

25 **GÉRONTE.** Voici ma fille.

---

1. **Visite :** examine.
2. **Nanin :** non (déformation de nenni).
3. **Office :** rôle, charge.

Le Médecin malgré lui, mise en scène de Nicolas Ducron avec Stéphanie Papagnan (Jacqueline) et Christophe Lambert (Lucas), Comédie de Picardie, Amiens, 2005.

Clefs d'analyse

Acte II, scènes 1 à 3

Action

1. Où se situe l'acte II ? Quel est le changement de décor par rapport à l'acte I ?

2. En quoi la première partie de la scène 1 assure-t-elle le lien avec ce qui précède ?

3. Sur quel procédé repose le comique de la première partie de la scène 1 ?

4. La situation de parole Géronte-Jacqueline ne vous en rappelle-t-elle pas une autre ? Laquelle, et quelle est la différence ?

5. Quel est l'effet du jeu de scène final (scène 1) ?

6. Montrez que toute la première partie de la scène 2, jusqu'à la ligne 29, repose sur un retournement de situation. Ce procédé comique est-il déjà apparu dans la pièce, et où ?

7. Pourquoi y a-t-il changement de scène entre les scènes 2 et 3 ? Quel est cependant le lien entre ces deux scènes ?

8. Le trio Sganarelle, Jacqueline, Lucas : quand commence-t-il ? Quelles sont les feintes de Sganarelle pour contourner le mari ? Quelle est sa nouvelle stratégie à la fin de la scène 3 ?

Personnages

9. Comment Géronte apparaît-il sur scène ?

10. Comment imaginez-vous l'entrée en scène de Sganarelle à la scène 2 ?

11. Le personnage de Jacqueline a-t-il une fonction dramatique ? En quoi sa présence relance-t-elle le comique ?

12. Que penser de la fin de la scène 3 ? N'y a-t-il pas quelque chose de commun entre Jacqueline et Martine ?

Langue

13. Expliquez, à la scène 1, « qui a gari des gens qui estiants morts » (l. 6), « il a quelque petit coup de hache à la tête » (l. 11).

14. Relevez et étudiez l'aparté de Sganarelle dans la scène 2. Quelle est la différence de niveau de langue avec le discours qui suit ?

15. Relevez les points de suspension à la scène 2. Montrez qu'on peut les ranger en deux catégories selon leur valeur.

16. Étudiez le langage de Géronte et de Sganarelle de la ligne 30 à la ligne 45 de la scène 2. Que révèle cet échange des rapports qu'entretiennent Géronte et Sganarelle ?

Écriture

17. Vous écrirez, en argumentant, une défense du mariage d'amour contre le mariage imposé.

Pour aller plus loin

18. Quelles conceptions du mariage s'opposent dans la première scène à travers Géronte et Jacqueline ?

19. Sganarelle en médecin. Quels avantages en tire-t-il ? Qu'en déduisez-vous sur la critique de Molière ?

20. Cherchez, dans le théâtre de Molière, une autre servante qui, comme Jacqueline, résiste à son maître.

> ## ✳ À retenir
>
> Le déguisement de Sganarelle lui vaut d'immédiats avantages dans la maison de Géronte : les coups de bâton à Géronte, les tentatives de séduction de Jacqueline sous le nez de son mari... Le ton de la farce s'accentue encore, notamment avec le comique grivois qui se noue autour du personnage de Jacqueline et la scène de séduction paillarde, où le corps l'emporte. Et c'est bien Géronte, le vieillard barbon, père et maître tyrannique, dont on attend qu'il soit le dindon de la farce...

Scène 4 Lucinde, Valère, Géronte, Lucas, Sganarelle, Jacqueline.

Sganarelle. Est-ce là la malade ?

Géronte. Oui. Je n'ai qu'elle de fille ; et j'aurais tous les regrets du monde si elle venait à mourir.

Sganarelle. Qu'elle s'en garde bien ! Il ne faut pas qu'elle meure
5 sans l'ordonnance du médecin.

Géronte. Allons, un siège.

Sganarelle, *assis entre Géronte et Lucinde.* Voilà une malade qui n'est pas tant dégoûtante, et je tiens qu'un homme bien sain s'en accommoderait assez.

10 **Géronte.** Vous l'avez fait rire, Monsieur.

Sganarelle. Tant mieux : lorsque le médecin fait rire le malade, c'est le meilleur signe du monde. *(À Lucinde.)* Eh bien ! de quoi est-il question ? Qu'avez-vous ? Quel est le mal que vous sentez ?

Lucinde *répond par signes, en portant sa main à sa bouche, à sa*
15 *tête, et sous son menton.* Han, hi, hon, han.

Sganarelle. Eh ! que dites-vous ?

Lucinde *continue les mêmes gestes.* Han, hi, hon, han, han, hi, hon.

Sganarelle. Quoi ?

20 **Lucinde.** Han, hi, hon.

Sganarelle, *la contrefaisant.* Han, hi, hon, han, ha. Je ne vous entends[1] point. Quel diable de langage est-ce là ?

Géronte. Monsieur, c'est là sa maladie. Elle est devenue muette, sans que jusques ici on en ait pu savoir la cause ; et c'est un acci-
25 dent qui a fait reculer son mariage.

Sganarelle. Et pourquoi ?

---

1. **Entends :** comprends.

GÉRONTE. Celui qu'elle doit épouser veut attendre sa guérison pour conclure les choses.

SGANARELLE. Et qui est ce sot-là, qui ne veut pas que sa femme
30 soit muette ? Plût à Dieu que la mienne eût cette maladie ! je me garderais bien de la vouloir guérir.

GÉRONTE. Enfin, Monsieur, nous vous prions d'employer tous vos soins pour la soulager de son mal.

SGANARELLE. Ah ! ne vous mettez pas en peine. Dites-moi un
35 peu : ce mal l'oppresse-t-il beaucoup ?

GÉRONTE. Oui, Monsieur.

SGANARELLE. Tant mieux. Sent-elle de grandes douleurs ?

GÉRONTE. Fort grandes.

SGANARELLE. C'est fort bien fait. Va-t-elle où vous savez ?

40 **GÉRONTE.** Oui.

SGANARELLE. Copieusement ?

GÉRONTE. Je n'entends rien à cela.

SGANARELLE. La matière est-elle louable[1] ?

GÉRONTE. Je ne me connais pas à ces choses.

45 **SGANARELLE,** *se tournant vers la malade.* Donnez-moi votre bras. *(À Géronte.)* Voilà un pouls qui marque que votre fille est muette.

GÉRONTE. Eh ! oui, Monsieur, c'est là son mal ; vous l'avez trouvé tout du premier coup.

SGANARELLE. Ah ! ah !

50 **JACQUELINE.** Voyez comme il a deviné sa maladie !

SGANARELLE. Nous autres grands médecins, nous connaissons d'abord[2] les choses. Un ignorant aurait été embarrassé, et vous eût été dire : « C'est ceci, c'est cela » ; mais moi, je touche au but du premier coup, et je vous apprends que votre fille est muette.

---

1. **La matière est-elle louable ? :** la matière désigne, elliptiquement, la matière fécale, c'est-à-dire les selles. Cette formule était d'un usage courant à l'époque.
2. **D'abord :** tout de suite.

⁵⁵ **GÉRONTE.** Oui ; mais je voudrais bien que vous me pussiez dire d'où cela vient.

SGANARELLE. Il n'est rien plus aisé. Cela vient de ce qu'elle a perdu la parole.

GÉRONTE. Fort bien. Mais la cause, s'il vous plaît, qui fait qu'elle a ⁶⁰ perdu la parole ?

SGANARELLE. Tous nos meilleurs auteurs vous diront que c'est l'empêchement de l'action de sa langue.

GÉRONTE. Mais encore, vos sentiments sur cet empêchement de l'action de sa langue ?

⁶⁵ **SGANARELLE.** Aristote là-dessus dit… de fort belles choses.

GÉRONTE. Je le crois.

SGANARELLE. Ah ! c'était un grand homme !

GÉRONTE. Sans doute.

SGANARELLE. Grand homme tout à fait… *(Levant le bras depuis le* ⁷⁰ *coude.)* Un homme qui était plus grand que moi de tout cela. Pour revenir donc à notre raisonnement, je tiens que cet empêchement de l'action de sa langue est causé par de certaines humeurs[1], qu'entre nous autres savants nous appelons humeurs peccantes ; peccantes, c'est-à-dire… humeurs peccantes ; d'autant que les vapeurs for- ⁷⁵ mées par les exhalaisons[2] des influences qui s'élèvent dans la région des maladies venant… pour ainsi dire… à… Entendez-vous le latin ?

GÉRONTE. En aucune façon.

SGANARELLE, *se levant avec étonnement.* Vous n'entendez point le ⁸⁰ latin ?

GÉRONTE. Non.

---

1. **Humeurs :** les médecins du temps de Molière, fidèles à la théorie d'Hippocrate, pensaient que le corps humain était constitué de quatre substances liquides (bile, atrabile, flegme et sang). Les « humeurs peccantes » désignent les humeurs nocives, à l'origine des maladies.
2. **Exhalaisons :** ce qui s'exhale, émane d'un corps.

SGANARELLE, *en faisant diverses plaisantes postures.* Cabricias, arci thuram, catalamus, singulariter, nominativo haec musa, « la Muse », bonus, bona, bonum, Deus sanctus, estne oratio latinas ?
85 Etiam, « oui ». Quare ?, « pourquoi » ? Quia substantivo et adjectivum, concordat in generi, numerum et casus[1].

GÉRONTE. Ah ! que n'ai-je étudié !

JACQUELINE. L'habile homme que velà !

LUCAS. Oui, ça est si biau, que je n'y entends goutte[2].

90 **SGANARELLE.** Or, ces vapeurs dont je vous parle, venant à passer du côté gauche où est le foie, au côté droit où est le cœur, il se trouve que le poumon, que nous appelons en latin *armyan*[3], ayant communication avec le cerveau, que nous nommons en grec *nasmus*[4], par le moyen de la veine cave, que nous appelons en hébreu
95 *cubile*[5], rencontre en son chemin lesdites vapeurs qui remplissent les ventricules de l'omoplate ; et parce que lesdites vapeurs... comprenez bien ce raisonnement, je vous prie ; et parce que lesdites vapeurs ont une certaine malignité[6]... Écoutez bien ceci, je vous conjure.

100 **GÉRONTE.** Oui.

SGANARELLE. Ont une certaine malignité qui est causée... Soyez attentif, s'il vous plaît.

GÉRONTE. Je le suis.

SGANARELLE. Qui est causée par l'âcreté des humeurs engen-
105 drées dans la concavité du diaphragme, il arrive que ces vapeurs...

---

1. **Cabricias [...] casus :** cette réplique joue du non-sens et du charabia. Sganarelle
30 mêle à des mots inventés des mots latins réels (avec des incorrections, des fautes de déclinaison), comme si lui revenaient, déformés, des souvenirs du rudiment évoqué à la première scène.
2. **Je n'y entends goutte :** je n'y comprends rien.
3. **Armyan :** mot inventé.
4. **Nasmus :** mot inventé, qui, par sa terminaison en us, fait plus songer au latin qu'au grec...
5. **Cubile :** le mot n'a rien d'hébreu, il signifie lit en latin.
6. **Malignité :** propriété nuisible, nocivité.

Ossabandus, nequeis, nequer, potarinum, quipsa milus[1]. Voilà justement ce qui fait que votre fille est muette.

JACQUELINE. Ah que ça est bian dit, notte homme !

LUCAS. Que n'ai-je la langue aussi bian pendue !

110 **GÉRONTE.** On ne peut pas mieux raisonner, sans doute. Il n'y a qu'une seule chose qui m'a choqué : c'est l'endroit du foie et du cœur. Il me semble que vous les placez autrement qu'ils ne sont ; que le cœur est du côté gauche, et le foie du côté droit.

SGANARELLE. Oui ; cela était autrefois ainsi : mais nous avons 115 changé tout cela, et nous faisons maintenant la médecine d'une[2] méthode toute nouvelle.

GÉRONTE. C'est ce que je ne savais pas, et je vous demande pardon de mon ignorance.

SGANARELLE. Il n'y a point de mal ; et vous n'êtes pas obligé 120 d'être aussi habile que nous.

GÉRONTE. Assurément. Mais, Monsieur, que croyez-vous qu'il faille faire à cette maladie ?

SGANARELLE. Ce que je crois qu'il faille faire ?

GÉRONTE. Oui.

125 **SGANARELLE.** Mon avis est qu'on la remette sur son lit, et qu'on lui fasse prendre pour remède, quantité de pain trempé dans du vin.

GÉRONTE. Pourquoi cela, Monsieur ?

SGANARELLE. Parce qu'il y a dans le vin et le pain, mêlés ensemble, une vertu sympathique[3] qui fait parler. Ne voyez-vous pas bien 130 qu'on ne donne autre chose aux perroquets, et qu'ils apprennent à parler en mangeant de cela ?

GÉRONTE. Cela est vrai ! Ah ! le grand homme ! Vite, quantité de pain et de vin.

---

1. **Ossabandus [...] milus :** nouvelle énumération de termes inventés.
2. **D'une :** selon une.
3. **Vertu sympathique :** capacité de guérir à distance.

SGANARELLE. Je reviendrai voir sur le soir en quel état elle sera.
135 *(À la nourrice.)* Doucement, vous. *(À Géronte.)* Monsieur, voilà une
nourrice à laquelle il faut que je fasse quelques petits remèdes.

JACQUELINE. Qui ? moi ? Je me porte le mieux du monde.

SGANARELLE. Tant pis, nourrice ; tant pis. Cette grande santé est à
craindre, et il ne sera pas mauvais de vous faire quelque petite sai-
140 gnée amiable[1], de vous donner quelque petit clystère dulcifiant[2].

GÉRONTE. Mais, Monsieur, voilà une mode que je ne comprends point. Pourquoi s'aller faire saigner quand on n'a point de
maladie ?

SGANARELLE. Il n'importe, la mode en est salutaire ; et, comme on
145 boit pour la soif à venir, il faut se faire aussi saigner pour la maladie à venir.

JACQUELINE, *en se retirant.* Ma fi[3] je me moque de ça, et je ne
veux point faire de mon corps une boutique d'apothicaire.

SGANARELLE. Vous êtes rétive aux remèdes[4] ; mais nous saurons
150 vous soumettre à la raison[5]. *(Parlant à Géronte.)* Je vous donne le
bonjour.

GÉRONTE. Attendez un peu, s'il vous plaît.

SGANARELLE. Que voulez-vous faire ?

GÉRONTE. Vous donner de l'argent, Monsieur.

155 **SGANARELLE,** *tendant sa main derrière, par-dessous sa robe, tandis
que Géronte ouvre sa bourse.* Je n'en prendrai pas, Monsieur.

GÉRONTE. Monsieur…

SGANARELLE. Point du tout.

GÉRONTE. Un petit moment.

160 **SGANARELLE.** En aucune façon.

GÉRONTE. De grâce !

---

1. **Amiable :** conciliatrice (cf. l'expression « à l'amiable »).
2. **Clystère dulcifiant :** lavement qui adoucit.
3. **Ma fi :** ma foi.
4. **Rétive :** récalcitrante, qui se refuse à.
5. **Vous soumettre à la raison :** vous plier, vous ramener à la raison.

SGANARELLE. Vous vous moquez.

GÉRONTE. Voilà qui est fait.

SGANARELLE. Je n'en ferai rien.

165   **GÉRONTE.** Eh !

SGANARELLE. Ce n'est pas l'argent qui me fait agir.

GÉRONTE. Je le crois.

SGANARELLE, *après avoir pris l'argent.* Cela est-il de poids ?

GÉRONTE. Oui, Monsieur.

170   **SGANARELLE.** Je ne suis pas un médecin mercenaire[1].

GÉRONTE. Je le sais bien.

SGANARELLE. L'intérêt ne me gouverne point.

GÉRONTE. Je n'ai pas cette pensée.

Scène 5   SGANARELLE, LÉANDRE.

SGANARELLE, *regardant son argent.* Ma foi, cela ne va pas mal ; et pourvu que…

LÉANDRE. Monsieur, il y a longtemps que je vous attends ; et je viens implorer votre assistance.

5   **SGANARELLE,** *lui prenant le poignet.* Voilà un pouls qui est fort mauvais.

LÉANDRE. Je ne suis point malade, Monsieur ; et ce n'est pas pour cela que je viens à vous.

SGANARELLE. Si vous n'êtes pas malade, que diable ne le dites-
10 vous donc ?

---

1. **Mercenaire :** qui travaille pour de l'argent ; d'où, ici : inspiré par la seule considérations du gain.

LÉANDRE. Non. Pour vous dire la chose en deux mots, je m'appelle Léandre, qui suis amoureux de Lucinde, que vous venez de visiter ; et comme, par la mauvaise humeur de son père, toute sorte d'accès m'est fermé auprès d'elle[1], je me hasarde à vous prier de vouloir
15 servir mon amour, et de me donner lieu d'exécuter un stratagème que j'ai trouvé pour lui pouvoir dire deux mots, d'où dépendent absolument mon bonheur et ma vie.

SGANARELLE, *paraissant en colère.* Pour qui me prenez-vous ? Comment ! oser vous adresser à moi, pour vous servir dans votre
20 amour, et vouloir ravaler la dignité de médecin à des emplois de cette nature ?

LÉANDRE. Monsieur, ne faites point de bruit.

SGANARELLE, *en le faisant reculer.* J'en veux faire, moi. Vous êtes un impertinent.

25 LÉANDRE. Eh ! Monsieur, doucement.

SGANARELLE. Un malavisé[2] !

LÉANDRE. De grâce !

SGANARELLE. Je vous apprendrai que je ne suis point homme[3] à cela, et que c'est une insolence extrême…

30 LÉANDRE, *tirant une bourse qu'il lui donne.* Monsieur…

SGANARELLE, *tenant la bourse.* De vouloir m'employer… Je ne parle pas pour vous, car vous êtes honnête homme ; et je serais ravi de vous rendre service : mais il y a de certains impertinents au monde qui viennent prendre les gens pour ce qu'ils ne sont pas, et
35 je vous avoue que cela me met en colère.

LÉANDRE. Je vous demande pardon, Monsieur, de la liberté que…

SGANARELLE. Vous vous moquez. De quoi est-il question ?

---

1. **Toute sorte d'accès m'est fermé auprès d'elle :** il m'est impossible de la rencontrer.
2. **Malavisé :** sot (littéralement : qui n'est pas avisé).
3. **Honnête homme :** homme du monde, agréable et distingué dans ses manières comme par l'esprit.

LÉANDRE. Vous saurez donc, Monsieur, que cette maladie que vous voulez guérir, est une feinte maladie[1]. Les médecins ont raisonné là-dessus comme il faut ; et ils n'ont pas manqué de dire[2] que cela procédait[3], qui du cerveau, qui des entrailles, qui de la rate, qui du foie[4] ; mais il est certain que l'amour en est la véritable cause, et que Lucinde n'a trouvé cette maladie que pour se délivrer d'un mariage dont elle était importunée. Mais, de crainte qu'on ne nous voie ensemble, retirons-nous d'ici, et je vous dirai en marchant ce que je souhaite de vous.

SGANARELLE. Allons, Monsieur, vous m'avez donné pour votre amour, une tendresse qui n'est pas concevable ; et j'y perdrai toute ma médecine, ou la malade crèvera, ou bien elle sera à vous.

---

1. **Feinte maladie :** maladie factice, dissimulée.
2. **Ils n'ont pas manqué de dire :** ils n'ont, bien sûr, pas pu s'empêcher de dire.
3. **Procédait :** venait, provenait.
4. **Qui du cerveau [...] qui du foie :** l'un du cerveau, un autre des entrailles, un autre encore...

Le Médecin malgré lui, mise en scène d'Yves Le Guillochet avec Anne Leblanc, Sophie Froissard, Patricia Reggiani, Geoffroy Barbier, Pierre Lenczner, Jean-Paul Guengant et Ugo Broussot, Théâtre Dejazet, Paris, 2001.

Clefs d'analyse

Action

1. La scène 4 est-elle attendue ? Quel titre pourriez-vous lui donner ?

2. Diagnostic, cause, remède : montrez qu'à chaque étape du discours de Sganarelle, Molière exploite un comique différent.

3. Quel objet scénique apparaît dans les deux scènes ? Commentez.

4. Ne peut-on pas imaginer pour la scène 5 un nouveau décor ? Pourquoi et lequel ?

5. Quel est le coup de théâtre dans la dernière scène de l'acte ? À quelle nouvelle intrigue Sganarelle se prépare-t-il ?

Personnages

6. Combien y a-t-il de personnages sur scène dans la scène 4 ? Qui parle le plus ? De ce simple relevé numérique, que pouvez-vous déjà déduire ?

7. Quel personnage nouveau apparaît à la scène 4 ?

8. Quel personnage nouveau apparaît à la scène 5 ? En a-t-il déjà été question auparavant ?

9. À quelle nouvelle cause Sganarelle va-t-il s'appliquer désormais ? Est-ce seulement l'argent qui l'y décide ? Quelle nouvelle dimension prend alors le personnage ?

Langue

10. Expliquez l'expression de Sganarelle : « Il ne faut pas qu'elle meure sans l'ordonnance du médecin » (sc. 4, l. 4-5).

11. À qui s'adresse l'expression de Sganarelle « lorsque le médecin fait rire le malade, c'est le meilleur signe du monde » (sc. 4, l. 11-12) ?

12. Étudiez l'effet comique des « interventions » de Lucinde.

13. Étudiez la réplique de Sganarelle « Cabricias... casus » (sc. 4, l. 82-86).

14. Commentez l'emploi du « nous » par Sganarelle à la scène 4.

15. Étudiez le langage de Léandre dans la scène 5. Quel rôle joue-t-il ici ? À quel type de comédie appartient-il ?

Écriture

16. Imaginez une scène de consultation aujourd'hui, où vous ferez parler un médecin qui s'exprime en langage obscur.

17. Écrivez une scène de théâtre où vous mettrez en scène un personnage muet.

Pour aller plus loin

18. Pourquoi Lucinde se tait-elle ? En quoi les effets comiques de son silence sont-ils issus d'une situation qui n'est pas si drôle ?

19. Sganarelle vous apparaît-il dans la scène 4 comme un médecin crédible ? Justifiez votre réponse.

20. La critique de Molière se limite-t-elle dans la scène 4 à la critique de la médecine ?

21. Recherchez dans *Dom Juan* la scène où Sganarelle apparaît déguisé en médecin. Quelles ressemblances et différences observez-vous avec le Sganarelle du *Médecin malgré lui* ?

✳ À retenir

L'acte I se terminait sur une attente, à laquelle répond l'acte II : le médecin malgré lui est un extraordinaire comédien, notamment dans la scène 4, véritable morceau de bravoure où il déploie tout son talent. Comme le premier, cet acte constitue une farce à lui tout seul, où Sganarelle dupe Géronte. Reste que le coup de théâtre final crée une nouvelle attente. Au médecin malgré lui succède une malade malgré elle, dont le silence joue théâtralement le sort des jeunes filles soumises : Lucinde n'a pas le droit à la parole.

ACTE III

Un lieu voisin de la maison de Géronte.

Scène 1 LÉANDRE, SGANARELLE.

LÉANDRE. Il me semble que je ne suis pas mal ainsi pour un apothicaire ; et comme le père ne m'a guère vu, ce changement d'habit et de perruque est assez capable, je crois, de me déguiser à ses yeux.

5 **SGANARELLE.** Sans doute.

LÉANDRE. Tout ce que je souhaiterais serait de savoir cinq ou six grands mots de médecine, pour parer mon discours et me donner l'air d'habile homme.

SGANARELLE. Allez, allez, tout cela n'est pas nécessaire ; il suffit
10 de l'habit : et je n'en sais pas plus que vous.

LÉANDRE. Comment ?

SGANARELLE. Diable emporte, si j'entends rien[1] en médecine ! Vous êtes honnête homme, et je veux bien me confier à vous comme vous vous confiez à moi.

15 **LÉANDRE.** Quoi, vous n'êtes pas effectivement…

SGANARELLE. Non, vous dis-je ; ils m'ont fait médecin malgré mes dents[2]. Je ne m'étais jamais mêlé d'être si savant que cela ; et toutes mes études n'ont été que jusqu'en sixième. Je ne sais point sur quoi cette imagination[3] leur est venue ; mais quand j'ai vu qu'à
20 toute force ils voulaient que je fusse médecin, je me suis résolu[4] de l'être aux dépens de qui il appartiendra[5]. Cependant vous ne

---

1. **Si j'entends rien :** si je comprends quoi que ce soit.
2. **Malgré mes dents :** malgré moi.
3. **Imagination :** fable, invention.
4. **Je me suis résolu :** j'ai décidé.
5. **Aux dépends de qui il appartiendra :** au détriment de ceux qui seront concernés, mêlés à cette histoire.

sauriez croire comment l'erreur s'est répandue et de quelle façon chacun est endiablé[1] à me croire habile homme. On me vient chercher de tous côtés ; et, si les choses vont toujours de même, je 25 suis d'avis de m'en tenir toute ma vie à la médecine. Je trouve que c'est le métier le meilleur de tous ; car, soit qu'on fasse bien, ou soit qu'on fasse mal, on est toujours payé de même sorte. La méchante besogne[2] ne retombe jamais sur notre dos ; et nous taillons comme il nous plaît sur l'étoffe où nous travaillons. Un cordonnier, en fai- 30 sant des souliers, ne saurait gâter[3] un morceau de cuir, qu'il n'en paye les pots cassés[4], mais ici l'on peut gâter un homme sans qu'il en coûte rien. Les bévues ne sont point pour nous[5], et c'est tou- jours la faute de celui qui meurt. Enfin le bon de cette profession est qu'il y a parmi les morts une honnêteté[6], une discrétion[7] la plus 35 grande du monde ; jamais on n'en voit se plaindre du médecin qui l'a tué.

LÉANDRE. Il est vrai que les morts sont fort honnêtes[8] gens sur cette matière.

SGANARELLE, *voyant des hommes qui viennent à lui.* Voilà des gens 40 qui ont la mine de[9] me venir consulter. Allez toujours m'attendre auprès du logis de votre maîtresse[10].

---

1. **Endiablé :** entêté, enragé, comme s'il était possédé par le diable.
2. **Méchante besogne :** travail pénible.
3. **Ne saurait gâter :** ne pourrait abîmer, détériorer.
4. **Qu'il n'en paye les pots cassés :** sans qu'il en paye les conséquences gênantes.
5. **Les bévues [...] pour nous :** on ne nous reproche pas nos bêtises, nos erreurs.
6. **Honnêteté :** civilité, politesse.
7. **Discrétion :** retenue dans les relations sociales, délicatesse, tact.
8. **Honnêtes :** civils, polis.
9. **Ont la mine de :** ont l'air de.
10. **Maîtresse :** femme aimée.

Scène 2 THIBAUT, PERRIN, SGANARELLE.

THIBAUT. Monsieur, je venons vous charcher, mon fils Perrin et moi.

SGANARELLE. Qu'y a-t-il ?

THIBAUT. Sa pauvre mère, qui a nom Parette est dans un lit, malade il y a six mois[1].

SGANARELLE, *tendant la main comme pour recevoir de l'argent.* Que voulez-vous que j'y fasse ?

THIBAUT. Je voudrions, Monsieur, que vous nous baillissiez queuque petite drôlerie[2] pour la garir.

SGANARELLE. Il faut voir de quoi est-ce qu'elle est malade.

THIBAUT. Alle est malade d'hypocrisie[3], Monsieur.

SGANARELLE. D'hypocrisie ?

THIBAUT. Oui, c'est-à-dire qu'alle est enflée par tout ; et l'an dit que c'est quantité de sériosités[4] qu'alle a dans le corps, et que son foie, son ventre, ou sa rate, comme vous voudrais l'appeler, au glieu de faire du sang, ne fait plus que de l'iau. Alle a, de deux jours l'un[5], la fièvre quotiguienne, avec des lassitules et des douleurs dans les mufles[6] des jambes. On entend dans sa gorge des fleumes[7] qui sont tout prêts à l'étouffer ; et parfois il li prend des

---

1. **Il y a six mois :** depuis six mois.
2. **Que vous nous baillissiez queuque petite drôlerie :** que vous nous donnassiez (donniez) quelque bouffonnerie.
3. **Hypocrisie :** Thibaut confond les deux mots et utilise hypocrisie à la place d'hydropisie, terme médical qui désigne un afflux de liquide dans l'abdomen. On comprend le sens de ce terme grâce à la réplique suivante.
4. **Sériosités :** là encore, Thibaut écorche le mot. Les sérosités désignent certains liquides du corps.
5. **De deux jours l'un :** un jour sur deux.
6. **Mufles :** altération de muscles.
7. **Fleumes :** altération de flegmes, mucosités qui encombrent la gorge et empêchent de respirer correctement.

20 syncoles[1] et des conversions[2], que je crayons qu'alle est passée[3].
J'avons dans notre village un apothicaire, révérence parler[4], qui
li a donné je ne sais combien d'histoires[5] ; et il m'en coûte plus
d'eune douzaine de bons écus en lavements, ne v's en déplaise, en
apostumes[6] qu'on li a fait prendre, en infections[7] de jacinthe, et en
25 portions cordales[8]. Mais tout ça, comme dit l'autre, n'a été que de
l'onguent miton-mitaine[9]. Il velait li bailler d'eune certaine drogue
que l'on appelle du vin amétile[10] mais j'ai-s-eu peur, franchement,
que ça l'envoyît *a patres*[11], et l'an dit que ces gros médecins tuont je
ne sais combien de monde avec cette invention-là.

30 **SGANARELLE,** *tendant toujours la main, et la branlant*[12], *comme
pour signe qu'il demande de l'argent.* Venons au fait, mon ami,
venons au fait.

THIBAUT. Le fait est, Monsieu, que je venons vous prier de nous
dire ce qu'il faut que je fassions.

---

1. **Syncoles :** altération de syncopes, terme savant pour désigner des étourdisse-
   ments, des évanouissements.
2. **Conversions :** même phénomène de confusion. Thibaut veut parler, non de
   conversion (le fait de se convertir, c'est-à-dire de passer d'une croyance à une
   autre), mais de convulsions qui désignent, dans le vocabulaire médical, des
   contractions musculaires violentes et douloureuses.
3. **Que je crayons qu'alle est passée :** [des convulsions si fortes] que je la croyais
   morte.
4. **Révérence parler :** formule populaire d'excuse dont l'équivalent moderne serait
   « si vous me permettez de parler ainsi ». Elle porte sur l'emploi du mot histoires.
5. **Histoires :** choses sans importance, trucs (langage familier). Le mot désigne ici
   des lavements.
6. **Apostumes :** confusion avec apozèmes, remèdes à base de plantes.
7. **Infections :** confusion avec infusions.
8. **Portions cordales :** mis pour potions cordiales, c'est-à-dire remèdes destinés à
   stimuler l'activité cardiaque (on dirait aujourd'hui remontants).
9. **Onguent miton-mitaine :** pommade sans effet (miton-mitaine est probablement
   un refrain populaire).
10. **Vin amétile :** déformation de vin émétique, c'est-à-dire qui provoque le
    vomissement.
11. **Envoyît *a patres* :** mis pour envoyât *ad patres*, expression latine qui signifie
    « auprès de nos ancêtres », c'est-à-dire chez les morts.
12. **Branlant :** remuant.

35 **SGANARELLE.** Je ne vous entends point du tout.

PERRIN. Monsieu, ma mère est malade ; et velà deux écus que je vous apportons pour nous bailler queuque remède.

SGANARELLE. Ah ! je vous entends, vous. Voilà un garçon qui parle clairement, qui s'explique comme il faut. Vous dites que votre
40 mère est malade d'hydropisie, qu'elle est enflée par tout le corps, qu'elle a la fièvre, avec des douleurs dans les jambes, et qu'il lui prend parfois, des syncopes et des convulsions, c'est-à-dire des évanouissements ?

PERRIN. Eh ! oui, Monsieu, c'est justement ça.

45 **SGANARELLE.** J'ai compris d'abord vos paroles. Vous avez un père qui ne sait ce qu'il dit. Maintenant vous me demandez un remède ?

PERRIN. Oui, Monsieu.

SGANARELLE. Un remède pour la guérir ?

50 **PERRIN.** C'est comme je l'entendons.

SGANARELLE. Tenez, voilà un morceau de formage[1] qu'il faut que vous lui fassiez prendre.

PERRIN. Du fromage, Monsieu ?

SGANARELLE. Oui, c'est un formage préparé, où il entre de l'or, du
55 corail et des perles[2], et quantité d'autres choses précieuses.

PERRIN. Monsieu, je vous sommes bien obligés ; et j'allons li faire prendre ça tout à l'heure.

SGANARELLE. Allez. Si elle meurt, ne manquez pas de la faire enterrer du mieux que vous pourrez.

---

1. **Formage :** la prononciation actuelle (fromage) était considérée à l'époque comme populaire.
2. **De l'or, du corail et des perles :** les perles et les métaux précieux étaient alors fréquemment utilisés dans la fabrication des médicaments.

Clefs d'analyse

Action

1. Que s'est-il passé de la fin de l'acte II à la première scène de l'acte III ?

2. La scène 2 fait-elle avancer l'intrigue ?

3. En quoi la scène 2 a-t-elle un lien avec celle qui précède ? Quelle réplique de Sganarelle vous semble-t-elle illustrer ?

4. De quelle scène de l'acte II la scène 2 est-elle reprise ? Et quelle est la différence ?

Personnages

5. Étudiez la tirade de Sganarelle dans la première scène. Que nous apprend-elle sur l'évolution du personnage ?

6. Thibaut et Perrin ne vous rappellent-ils pas un autre personnage déjà apparu ?

7. De la tirade de Thibaut à sa reprise par Sganarelle, de quelle opposition Molière joue-t-il ? L'avez-vous déjà observée ailleurs dans la pièce, et où ?

8. Que pensez-vous du remède proposé par Sganarelle ?

Langue

9. Que révèlent la métaphore des lignes 28-29 de la scène 1, et la comparaison entre le médecin et le cordonnier ?

10. Relevez les principales impropriétés du discours de Thibaut. Quel est l'effet comique ?

11. Expliquez la réplique de Sganarelle à Perrin : « Ah ! je vous entends, vous » (sc. 2, l. 38).

12. Lisez la dernière réplique de Sganarelle à la scène 4 de l'acte II et confrontez-la à la scène 2. Qu'en pensez-vous ?

Écriture

13. Transposez la tirade de Thibaut en langage courant. Quel est l'effet de cette transposition ?

Pour aller plus loin

14. Sur quels arguments Sganarelle fonde-t-il son éloge de la médecine dans la première scène ? Sont-ils convaincants ?

15. La consultation de Sganarelle : n'y a-t-il pas, au-delà du comique, quelque chose de terrible ici ? Vous étudierez notamment comment s'achève la première scène et quelle est la chute de la seconde.

✳ À retenir

La scène 2 est une illustration de la longue tirade de la première scène : on passe de la théorie à la pratique, ou comment duper grâce à l'habit et aux beaux discours. Cette scène, comparable à celle avec M. Robert au premier acte, est un sketch : le père et le fils qui paient deux écus au faux médecin contre un morceau de fromage, personnages au patois ridicule, sont de simples faire-valoir sans destin dans l'intrigue. Mais cette scène laisse aussi affleurer un versant plus noir.

Clefs d'analyse

Scène 3 JACQUELINE, SGANARELLE, LUCAS, *dans le fond du théâtre.*

SGANARELLE. Voici la belle nourrice. Ah ! nourrice de mon cœur, je suis ravi de cette rencontre, et votre vue est la rhubarbe, la casse et le séné[1] qui purgent toute la mélancolie[2] de mon âme.

JACQUELINE. Par ma figué, Monsieur le Médecin, ça est trop bian
5 dit pour moi, et je n'entends rien à tout votte latin.

SGANARELLE. Devenez malade, nourrice, je vous prie ; devenez malade pour l'amour de moi. J'aurais toutes les joies du monde de vous guérir.

JACQUELINE. Je sis votte servante[3] ; j'aime bian mieux qu'an ne
10 me guérisse pas.

SGANARELLE. Que je vous plains, belle nourrice, d'avoir un mari jaloux et fâcheux[4] comme celui que vous avez !

JACQUELINE. Que velez-vous, Monsieur, c'est pour la pénitence[5] de mes fautes ; et là où la chèvre est liée, il faut bian qu'alle y broute.

15 **SGANARELLE.** Comment ? un rustre[6] comme cela ! un homme qui vous observe toujours, et ne veut pas que personne vous parle !

JACQUELINE. Hélas ! vous n'avez rian vu encore ; et ce n'est qu'un petit échantillon de sa mauvaise humeur.

SGANARELLE. Est-il possible ? et qu'un homme ait l'âme assez
20 basse pour maltraiter une personne comme vous ? Ah ! que j'en sais[7], belle nourrice, et qui ne sont pas loin d'ici, qui se tiendraient heureux de baiser seulement les petits bouts de vos petons !

---

1. **Rhubarbe [...] séné :** plantes laxatives d'usage courant.
2. **Mélancolie :** bile noire dont l'excès, selon les théories de l'ancienne médecine, conduisait à la tristesse ; d'où : tristesse, état d'abattement.
3. **Je sis votte servante :** je suis votre servante, formule de politesse pour prendre congé ou mettre fin à un sujet de conversation.
4. **Fâcheux :** déplaisant.
5. **Pénitence :** châtiment, punition. En termes religieux, c'est la peine que le prêtre impose à celui qui s'est confessé en expiation de ses péchés.
6. **Rustre :** homme grossier et brutal.
7. **Que j'en sais :** j'en connais.

Pourquoi faut-il qu'une personne si bien faite soit tombée en de telles mains ! et qu'un franc animal[1], un brutal, un stupide, un
25 sot… Pardonnez-moi, nourrice, si je parle ainsi de votre mari…

JACQUELINE. Eh, Monsieu, je sais bian qu'il mérite tous ces noms-là.

SGANARELLE. Oui, sans doute, nourrice, il les mérite ; et il mérite-rait encore que vous lui missiez quelque chose sur la tête[2], pour le
30 punir des soupçons qu'il a.

JACQUELINE. Il est bian vrai que si je n'avais devant les yeux que son intérêt, il pourrait m'obliger à queuque étrange chose[3].

SGANARELLE. Ma foi, vous ne feriez pas mal de vous venger de lui, avec quelqu'un. C'est un homme, je vous le dis, qui mérite bien
35 cela ; et, si j'étais assez heureux, belle nourrice, pour être choisi pour… *(En cet endroit, tous deux apercevant Lucas qui était derrière eux et entendait leur dialogue, chacun se retire de son côté, mais le médecin d'une manière fort plaisante.)*

Scène 4 GÉRONTE, LUCAS.

GÉRONTE. Holà ! Lucas, n'as-tu point vu ici notre médecin ?

LUCAS. Eh ! oui, de par tous les diantres[4], je l'ai vu, et ma femme aussi.

GÉRONTE. Où est-ce donc qu'il peut être ?

LUCAS. Je ne sais ; mais je voudrais qu'il fût à tous les guèbles[5] !

5 **GÉRONTE.** Va-t'en voir un peu ce que fait ma fille.

---

1. **Franc animal :** homme grossier (vocabulaire injurieux).
2. **Quelque chose sur la tête :** il ne peut s'agir que de cornes, emblème burlesque du mari cocu.
3. **Étrange chose :** qui étonne, surprend (ici parce qu'elle contrevient aux règles de la morale).
4. **De par tous les diantres :** par tous les diables.
5. **À tous les guèbles :** à tous les diables.

Scène 5 SGANARELLE, LÉANDRE, GÉRONTE.

GÉRONTE. Ah ! Monsieur, je demandais où vous étiez.

SGANARELLE. Je m'étais amusé[1] dans votre cour à expulser le superflu de la boisson. Comment se porte la malade ?

GÉRONTE. Un peu plus mal depuis votre remède.

5 **SGANARELLE.** Tant mieux : c'est signe qu'il opère[2].

GÉRONTE. Oui ; mais, en opérant, je crains qu'il ne l'étouffe.

SGANARELLE. Ne vous mettez pas en peine ; j'ai des remèdes qui se moquent de tout, et je l'attends à l'agonie.

GÉRONTE, *montrant Léandre.* Qui est cet homme-là, que vous
10 amenez ?

SGANARELLE, *faisant des signes avec la main pour montrer que c'est un apothicaire[3].* C'est…

GÉRONTE. Quoi ?

SGANARELLE. Celui…

15 **GÉRONTE.** Eh ?

SGANARELLE. Qui…

GÉRONTE. Je vous entends.

SGANARELLE. Votre fille en aura besoin.

---

1. **Amusé :** occupé à.
2. **Qu'il opère :** qu'il agit.
3. **Faisant des signes [...] apothicaire :** Sganarelle imite le geste qui consiste à administrer un lavement, activité ordinaire des apothicaires.

Clefs d'analyse

Action

1. En quoi la scène 3 rompt-elle avec la précédente ? À quelle intrigue est-elle liée ?

2. En quoi cependant se rattache-t-elle à ce qui précède ?

3. Dans la scène 3, étudiez la didascalie finale. Que nous révèle-t-elle ? En quoi lecteur et spectateur sont-ils ici dans des positions différentes ?

4. Quelle nouvelle vengeance semble s'annoncer à la scène 3 ?

5. Quelle autre vengeance laisse entendre la scène 4 ? Aura-t-elle des répercussions ?

6. Observez la longueur des scènes 4 et 5. Quelle est leur fonction essentielle ?

7. Étudiez le comique de geste à la fin de la scène 5.

Personnages

8. Dans la scène 3, quelle est la stratégie de Sganarelle pour obtenir les faveurs de Jacqueline ? Sur quels procédés repose l'effet parodique ? Et que pensez-vous de son dernier argument ?

9. Que pensez-vous de l'attitude de Sganarelle face à Géronte à la scène 5 ? Marque-t-elle une progression ? À quel élément nouveau cela est-il dû ? Et que laisse-t-elle présager ?

Langue

10. Relevez quelques incorrections dans le discours de Jacqueline.

11. Expliquez l'effet comique de l'enchaînement des répliques de Sganarelle et de Jacqueline aux lignes 11 à 14 de la scène 3.

12. Expliquez la formule de Sganarelle aux lignes 2-3 de la scène 5. N'y a-t-il pas une allusion à un trait comique du personnage déjà apparu et où ?

13. Quel est le jeu de mots dans l'expression de Sganarelle : « j'ai des remèdes qui se moquent de tout » (sc. 5, l. 7-8) ?

Écriture

14. Imaginez une scène de théâtre, pas forcément comique, où un personnage caché surprend un discours qu'il n'aurait pas dû entendre.

Pour aller plus loin

15. Recensez les différentes scènes où apparaît un personnage muet dans la pièce. Quel est le sens de ce silence imposé par Molière à différents personnages ?

✳ À retenir

La scène 3 de l'acte III joue d'une situation particulièrement savoureuse : la didascalie finale révèle au lecteur la présence de Lucas, qui vient d'assister à l'échange entre Jacqueline et Sganarelle. La place de cette information à la fin de la scène invite à une relecture propre à la situation théâtrale. Si, à la première lecture, il ne s'agissait que d'une scène de séduction banale, la seconde nous fait découvrir le texte dans sa perversité joyeuse, où un mari entend dire par sa femme qu'elle envisage de le tromper !

Clefs d'analyse

Scène 6 Jacqueline, Lucinde, Géronte, Léandre, Sganarelle.

JACQUELINE. Monsieu, velà votre fille, qui veut un peu marcher.

SGANARELLE. Cela lui fera du bien. *(À Léandre.)* Allez-vous-en, Monsieur l'Apothicaire, tâter un peu son pouls, afin que je raisonne[1] tantôt[2] avec vous de sa maladie. *(En cet endroit, il tire Géronte à un bout du théâtre, et lui passant un bras sur les épaules, lui rabat la main sous le menton, avec laquelle il le fait retourner vers lui, lorsqu'il veut regarder ce que sa fille et l'apothicaire font ensemble, lui tenant cependant[3] le discours suivant pour l'amuser[4].)* Monsieur, c'est une grande et subtile question entre les docteurs[5], de savoir si les femmes sont plus faciles à guérir que les hommes. Je vous prie d'écouter ceci, s'il vous plaît. Les uns disent que non, les autres disent que oui : et moi je dis que oui et non ; d'autant que l'incongruité des humeurs opaques qui se rencontrent au tempérament naturel des femmes[6], étant cause que la partie brutale[7] veut toujours prendre empire sur[8] la sensitive, on voit que l'inégalité de leurs opinions dépend du mouvement oblique du cercle de la lune ; et comme le soleil, qui darde ses rayons sur la concavité[9] de la terre, trouve…

LUCINDE. Non, je ne suis point du tout capable de changer de sentiment.

---

1. **Que je raisonne :** que je discute.
2. **Tantôt :** bientôt, dans très peu de temps.
3. **Cependant :** pendant ce temps.
4. **L'amuser :** détourner son attention.
5. **Docteurs :** savants.
6. **L'incongruité des humeurs [...] des femmes :** le fait que les liquides contenus dans le corps féminin ne s'accordent pas entre eux.
7. **Partie brutale :** partie animale en tant qu'elle s'oppose à la partie sensitive, c'est-à-dire qu'elle appartient aux sens, à la sensibilité.
8. **Prendre empire sur :** l'emporter sur, dominer.
9. **Concavité :** cavité, creux.

GÉRONTE. Voilà ma fille qui parle ! Ô grande vertu[1] du remède !
Ô admirable médecin ! Que je vous suis obligé, Monsieur, de cette
guérison merveilleuse ! et que puis-je faire pour vous après un tel
service ?

25 **SGANARELLE,** *se promenant sur le théâtre, et s'essuyant le front.*
Voilà une maladie qui m'a bien donné de la peine !

LUCINDE. Oui, mon père, j'ai recouvré[2] la parole ; mais je l'ai
recouvrée pour vous dire que je n'aurai jamais d'autre époux que
Léandre, et que c'est inutilement que vous voulez me donner
30 Horace.

GÉRONTE. Mais…

LUCINDE. Rien n'est capable d'ébranler la résolution que j'ai prise.

GÉRONTE. Quoi ?…

LUCINDE. Vous m'opposerez en vain de belles raisons.

35 **GÉRONTE.** Si…

LUCINDE. Tous vos discours ne serviront de rien.

GÉRONTE. Je…

LUCINDE. C'est une chose où[3] je suis déterminée.

GÉRONTE. Mais…

40 **LUCINDE.** Il n'est puissance paternelle qui me puisse obliger à me
marier malgré moi.

GÉRONTE. J'ai…

LUCINDE. Vous avez beau faire tous vos efforts.

GÉRONTE. Il…

45 **LUCINDE.** Mon cœur ne saurait se soumettre à cette tyrannie.

GÉRONTE. La…

LUCINDE. Et je me jetterai plutôt dans un couvent que d'épouser
un homme que je n'aime point.

GÉRONTE. Mais…

---

1. **Vertu :** pouvoir, efficacité.
2. **Recouvré :** retrouvé.
3. **Où :** à laquelle.

50 **LUCINDE**, *parlant d'un ton de voix à étourdir.* Non. En aucune façon. Point d'affaires. Vous perdez le temps. Je n'en ferai rien. Cela est résolu.

GÉRONTE. Ah ! quelle impétuosité1 de paroles ! Il n'y a pas moyen d'y résister. *(À Sganarelle.)* Monsieur, je vous prie de la faire redeve-
55 nir muette.

SGANARELLE. C'est une chose qui m'est impossible. Tout ce que je puis faire pour votre service est de vous rendre sourd, si vous voulez.

GÉRONTE. Je vous remercie2. *(À Lucinde.)* Penses-tu donc…

60 **LUCINDE.** Non, toutes vos raisons ne gagneront rien sur mon âme.

GÉRONTE. Tu épouseras Horace dès ce soir.

LUCINDE. J'épouserai plutôt la mort.

SGANARELLE, *à Géronte.* Mon Dieu ! arrêtez-vous, laissez-moi médicamenter cette affaire. C'est une maladie qui la tient, et je sais
65 le remède qu'il y faut apporter.

GÉRONTE. Serait-il possible, Monsieur, que vous pussiez aussi, guérir cette maladie d'esprit ?

SGANARELLE. Oui, laissez-moi faire, j'ai des remèdes pour tout ; et notre apothicaire nous servira pour cette cure. *(Il appelle l'apothi-*
70 *caire et lui parle.)* Un mot. Vous voyez que l'ardeur qu'elle a pour ce Léandre est tout à fait contraire aux volontés du père, qu'il n'y a point de temps à perdre, que les humeurs sont fort aigries3, et qu'il est nécessaire de trouver promptement un remède à ce mal, qui pourrait empirer par le retardement. Pour moi, je n'y en vois
75 qu'un seul, qui est une prise de fuite purgative4, que vous mêlerez comme il faut avec deux drachmes5 de matrimonium6 en pilules. Peut-être fera-t-elle quelque difficulté à prendre ce remède : mais,

---

1. **Impétuosité :** fougue, vivacité.
2. **Je vous remercie :** formule de refus (équivalent de « non merci »).
3. **Aigries :** modifiées, corrompues.
4. **Prise de fuite purgative :** jeu sur le double sens. Sganarelle, feignant de proposer un lavement, invite en fait Léandre à s'enfuir avec Lucinde.
5. **Drachmes :** poids équivalent à 3,24 g.
6. *Matrimonium :* mot latin qui signifie mariage.

comme vous êtes habile homme dans votre métier, c'est à vous de l'y résoudre, et de lui faire avaler la chose du mieux que vous
80 pourrez. Allez-vous-en lui faire faire un petit tour de jardin, afin de préparer les humeurs, tandis que j'entretiendrai[1] ici son père ; mais surtout, ne perdez point de temps. Au remède, vite ! au remède spécifique[2] !

---

1. **J'entretiendrai :** j'aurai un entretien, je discuterai.
2. **Spécifique :** propre à guérir cette maladie.

Clefs d'analyse

Action

1. De quelle scène de l'acte II cette scène est-elle la reprise ? Quels sont les éléments nouveaux ?

2. Cette scène est-elle attendue ?

3. Relevez la didascalie des lignes 4 à 8 : que nous apprend-t-elle sur la disposition scénique des personnages et sur l'enjeu de la scène ?

4. Relevez les trois mouvements de la scène, en vous fondant notamment sur les didascalies. Qui est le maître du jeu ?

5. Sur quels retournements de situation repose cette scène ? Étudiez notamment les répliques de Géronte.

6. Quels procédés comiques sont exploités de la ligne 21 à la ligne 55 ?

Personnages

7. Quels sont les personnages présents sur scène ?

8. Quel personnage reste muet pendant toute la scène ? Pourquoi à votre avis ? Et pourtant en quoi sa présence est-elle indispensable ?

9. Comment s'exprime, dans le duo qui l'oppose à sa fille, la défaite de Géronte ?

Langue

10. Le discours de Lucinde : quel est le premier mot prononcé ? Montrez l'importance des tournures négatives. Quels sont les champs lexicaux opposés ?

11. Que marque la didascalie de la ligne 25 ?

12. Commentez la réplique de Sganarelle à la ligne 26.

13. Que désigne le pronom « nous » dans « notre apothicaire nous servira pour cette cure » (l. 69) ?

Clefs d'analyse

Clefs d'analyse Acte III, scène 6

14. Étudiez le jeu sur le double sens dans la dernière tirade de Sganarelle, en relevant certains mots et expressions.

Écriture

15. Écrivez, à la première personne, un discours de rébellion d'une fille, ou d'un fils, contre son père.

16. Imaginez un duo au théâtre où un personnage empêche l'autre de parler.

Pour aller plus loin

17. Montrez que cette scène marque le triomphe de Sganarelle.

18. Cherchez dans le théâtre de Molière d'autres exemples de jeunes filles contraintes d'épouser des hommes qu'elles n'aiment pas. Qui les soutient contre la volonté paternelle ?

✳ À retenir

Admirable renversement dans cette scène : l'explosion verbale de Lucinde contraint à son tour aux balbutiements Géronte, sans cesse interrompu par les affirmations décidées de sa fille. La scène est une des plus comiques de la pièce : la fausse muette devient une vraie bavarde, et le père, d'abord réjoui de voir sa fille guérie, se fâche de cette « impétuosité de paroles » qui lui fait perdre son pouvoir... Mais, au-delà de ce jeu, la scène offre la représentation d'une émancipation. Et c'est l'accès à la parole qui permet la libération.

Scène 7 Géronte, Sganarelle.

GÉRONTE. Quelles drogues, Monsieur, sont celles que vous venez de dire ? Il me semble que je ne les ai jamais ouï[1] nommer.

SGANARELLE. Ce sont drogues dont on se sert dans les nécessités urgentes.

5 **GÉRONTE.** Avez-vous jamais vu une insolence pareille à la sienne ?

SGANARELLE. Les filles sont quelquefois un peu têtues.

GÉRONTE. Vous ne sauriez croire comme elle est affolée[2] de ce Léandre.

10 **SGANARELLE.** La chaleur du sang fait cela dans les jeunes esprits.

GÉRONTE. Pour moi, dès que j'ai eu découvert la violence de cet amour, j'ai su tenir toujours ma fille renfermée.

SGANARELLE. Vous avez fait sagement.

GÉRONTE. Et j'ai bien empêché qu'ils n'aient eu communication 15 ensemble.

SGANARELLE. Fort bien.

GÉRONTE. Il serait arrivé quelque folie, si j'avais souffert qu'ils se fussent vus.

SGANARELLE. Sans doute.

20 **GÉRONTE.** Et je crois qu'elle aurait été fille à s'en aller avec lui.

SGANARELLE. C'est prudemment raisonné.

GÉRONTE. On m'avertit qu'il fait tous ses efforts pour lui parler.

SGANARELLE. Quel drôle[3] !

GÉRONTE. Mais il perdra son temps.

25 **SGANARELLE.** Ah ! ah !

---

1. **Ouï :** entendu.
2. **Affolée :** amoureuse à en être folle (l'équivalent actuel serait « folle de »).
3. **Drôle :** voyou, personnage sans scrupules.

GÉRONTE. Et j'empêcherai bien qu'il ne la voie.

SGANARELLE. Il n'a pas affaire à un sot, et vous savez des rubriques[1] qu'il ne sait pas. Plus fin que vous n'est pas bête.

Scène 8 LUCAS, GÉRONTE, SGANARELLE.

LUCAS. Ah palsanguenne, Monsieu, vaici bian du tintamarre, votte fille s'en est enfuie avec son Liandre. C'était lui qui était l'apothicaire, et velà Monsieu le Médecin qui a fait cette belle opération-là.

GÉRONTE. Comment ! m'assassiner de la façon ! Allons, un com-
5 missaire, et qu'on empêche qu'il ne sorte ! Ah ! traître ! je vous ferai punir par la justice.

LUCAS. Ah ! par ma fi ! Monsieu le Médecin, vous serez pendu ! ne bougez de là seulement.

Scène 9 MARTINE, SGANARELLE, LUCAS.

MARTINE, *à Lucas.* Ah ! mon Dieu ! que j'ai eu de peine à trouver ce logis. Dites-moi un peu des nouvelles du médecin que je vous ai donné.

LUCAS. Le velà qui va être pendu.

5 **MARTINE.** Quoi ! mon mari pendu ! Hélas ! et qu'a-t-il fait pour cela ?

---

1. **Rubriques :** ruses.

LUCAS. Il a fait enlever la fille de notte maître.

MARTINE. Hélas ! mon cher mari, est-il bien vrai qu'on te va pendre ?

10   **SGANARELLE.** Tu vois. Ah !

MARTINE. Faut-il que tu te laisses mourir en présence de tant de gens ?

SGANARELLE. Que veux-tu que j'y fasse ?

MARTINE. Encore, si tu avais achevé de couper notre bois, je pren-
15 drais quelque consolation[1].

SGANARELLE. Retire-toi de là, tu me fends le cœur.

MARTINE. Non, je veux demeurer pour t'encourager à la mort ; et je ne te quitterai point que je ne t'aie vu pendu.

SGANARELLE. Ah !

Scène 10   GÉRONTE, SGANARELLE, MARTINE, LUCAS.

GÉRONTE, *à Sganarelle.* Le commissaire viendra bientôt, et l'on s'en va vous mettre en lieu, où l'on me répondra de vous.

SGANARELLE, *le chapeau à la main.* Hélas, cela ne se peut-il point changer en quelques coups de bâton ?

5 **GÉRONTE.** Non, non, la justice en ordonnera. Mais que vois-je ?

---

1. **Je prendrais quelque consolation :** mon chagrin serait un peu soulagé.

Scène 11 Léandre, Lucinde, Jacqueline, Lucas, Géronte, Sganarelle, Martine.

Léandre. Monsieur, je viens faire paraître Léandre à vos yeux, et remettre Lucinde en votre pouvoir. Nous avons eu dessein de prendre la fuite nous deux, et de nous aller marier ensemble ; mais cette entreprise a fait place à un procédé plus honnête. Je ne
5 prétends point vous voler votre fille, et ce n'est que de votre main que je veux la recevoir. Ce que je vous dirai, Monsieur, c'est que je viens tout à l'heure de recevoir des lettres par où j'apprends que mon oncle est mort, et que je suis héritier de tous ses biens.

Géronte. Monsieur, votre vertu m'est tout à fait considérable[1], et
10 je vous donne ma fille avec la plus grande joie du monde.

Sganarelle, *à part.* La médecine l'a échappé belle !

Martine. Puisque tu ne seras point pendu, rends-moi grâce d'être médecin, car c'est moi qui t'ai procuré cet honneur.

Sganarelle. Oui ! c'est toi qui m'as procuré je ne sais combien
15 de coups de bâton.

Léandre, *à Sganarelle.* L'effet en est trop beau, pour en garder du ressentiment[2].

Sganarelle. Soit. *(À Martine.)* Je te pardonne ces coups de bâton en faveur de la dignité où tu m'as élevé[3] : mais prépare-toi désor-
20 mais à vivre dans un grand respect avec un homme de ma consé-quence[4], et songe que la colère d'un médecin est plus à craindre qu'on ne peut croire.

---

1. **Votre vertu [...] considérable :** votre force d'âme mérite que je la prenne en consi-dération, que je la considère avec la plus grande estime.
2. **L'effet en est trop beau pour en garder du ressentiment :** le résultat (le mariage des jeunes gens) est trop beau pour que Sganarelle garde le souvenir rancunier des coups de bâton.
3. **En faveur [...] élevé :** en considération de la haute charge (celle de médecin) où tu m'as fait parvenir.
4. **De ma conséquence :** de mon importance.

Le Médecin malgré lui, mise en scène de Jean Liermier
avec Éric Elmosnino (Sganarelle) et Philippe Mathey (Lucas),
Théâtre des Amandiers, Nanterre, 2007.

Clefs d'analyse   Acte III, scènes 7 à 11

Action

1. Que s'est-il passé entre la scène 6 et la scène 7 ? Quand le lecteur en a-t-il la confirmation ?

2. Quel retournement de situation s'opère aux scènes 8 et 9 ? En quoi ce renversement est-il visible dans le langage et la posture de Sganarelle dans les scènes 8 à 11 ?

3. Observez la longueur des scènes 7 à 11 par rapport à la précédente. Quel est le changement de rythme et comment l'expliquez-vous ?

4. En quoi la scène 11 offre-t-elle un dénouement de convention ? Vous paraît-il vraisemblable ?

5. Cherchez, dans la scène 1 de l'acte II, la réplique qui pouvait annoncer la péripétie finale.

Personnages

6. Sur quel procédé comique repose la scène 7 ? En quoi le personnage de Géronte y est-il définitivement ridiculisé ?

7. La réapparition de Martine à la scène 9 : a-t-elle changé par rapport à l'acte I ? Sur quoi se fonde le comique ?

8. Quelle est la fonction de Léandre au début de la scène 11 ?

9. Quels sont les personnages présents dans la scène 11 ? Relevez les personnages muets : comment expliquez-vous leur silence ?

Langue

10. Expliquez le comique de la réplique de Sganarelle à la scène 9 : « tu me fends le cœur » (l. 16).

11. Expliquez, à la scène 11, la réplique de Géronte : « Monsieur, votre vertu m'est tout à fait considérable » (l. 9).

12. Expliquez, à la scène 11, la dernière réplique de Léandre. Comment Sganarelle entend-il « l'effet en est trop beau » (l. 16-17) ?

13. À quel registre appartient le dernier énoncé de Sganarelle ?
En a-t-il déjà proféré de semblables dans la pièce ? Dans quelles
scènes et face à qui ?

Écriture

14. Écrivez une tirade dans laquelle Martine exprime son chagrin
sincère à l'annonce de la future pendaison de Sganarelle.

Pour aller plus loin

15. En vous fondant sur la réplique finale de Sganarelle, réfléchissez
à la fin de la pièce : vous paraît-elle ouverte ou fermée ? Quelle
fin fermée pourriez-vous proposer à la place ?

16. En quoi peut-on dire que ce dénouement marque le triomphe
de la morale bourgeoise ?

17. Regardez comment s'achève *Dom Juan*. Pourquoi la dernière
réplique de Sganarelle a-t-elle été censurée par les doctes ?

18. Comparez la fin du *Tartuffe* et celle du *Médecin malgré lui* ; quelle
est la principale différence ?

> ## ✳ À retenir
>
> L'ultime péripétie, ou catastrophe, permet à la pièce
> de se clore sur un dénouement de convention, joué
> à la va-vite : la réconciliation de tous autour d'un mariage
> bourgeois. Mais Sganarelle, dans sa dernière réplique,
> retrouve sa position initiale de « maître », confortée par
> son rôle de médecin, qu'il brandit comme une menace
> contre Martine. De médecin malgré lui, il est devenu
> un médecin sûr de son pouvoir, et cette ultime parole,
> tout comme la première, est bien une parole de tyran. Ou
> comment l'habit de médecin a remplacé le bâton !

Le contexte et l'auteur

1. Classez dans l'ordre chronologique ces pièces de Molière :
   ... *Le Misanthrope.*
   ... *Le Malade imaginaire.*
   ... *Le Médecin malgré lui.*

2. Parmi ces écrivains, lequel n'est pas un contemporain de Molière ?
   ☐ Racine. ☐ La Fontaine. ☐ Victor Hugo.

3. Le mot « médecin » apparaît dans le titre de deux autres pièces de Molière. Cherchez l'intrus :
   ☐ *L'Amour médecin.* ☐ *Le Faux Médecin.* ☐ *Le Médecin volant.*

4. Parmi ces autres titres des pièces de Molière, lequel pourrait le mieux convenir au *Médecin malgré lui* (deux réponses possibles) ?
   ☐ *L'Amour médecin.*
   ☐ *Le Cocu imaginaire.*
   ☐ *L'École des femmes.*

Le genre

1. *Le Médecin malgré lui* est :
   ☐ une tragédie. ☐ un roman. ☐ une farce.

2. La farce est un genre :
   ☐ épique. ☐ tragique. ☐ comique.

3. Le genre de la farce naît :
   ☐ dans l'Antiquité. ☐ au Moyen Âge. ☐ au siècle de Molière.

4. La farce met en scène des personnages :
   ☐ nobles. ☐ bourgeois. ☐ d'extraction populaire.

5. La *commedia dell'arte* est un genre :
   ☐ italien. ☐ espagnol. ☐ français.

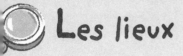

Les lieux

1. Où se situe le premier acte ?
☐ Dans une forêt.
☐ Dans la maison de Sganarelle.
☐ Dans la maison de Géronte.

2. À la fin de la scène 1, Sganarelle annonce qu'il va :
☐ au bois.　　☐ dans une auberge.　　☐ se coucher.

3. Où se situe le second acte ?
☐ Dans la maison de Géronte.
☐ Dans une auberge.
☐ À la campagne.

L'action

1. La pièce s'ouvre sur :
☐ une scène de ménage.
☐ un duo d'amoureux.
☐ un monologue de Sganarelle.

2. La première scène s'achève sur :
☐ un baiser entre époux.
☐ une gifle de Martine à Sganarelle.
☐ des coups de Sganarelle à Martine.

3. Le coup de théâtre à la fin de l'acte II nous apprend que :
☐ Lucinde est une fausse malade.
☐ Jacqueline est une fausse nourrice.
☐ Lucas est un bourgeois déguisé en valet.

4. Quelle situation n'exploite pas la pièce ?
☐ Une fausse malade et un faux médecin.
☐ Une fausse malade et un faux apothicaire.
☐ Une vraie malade et un faux médecin.

5. Remettez dans l'ordre ces différents moments de la pièce :

... Une fille impose à son père un mariage d'amour.

... Une épouse se venge de son mari qui la bat.

... Un père trouve un médecin pour sa fille malade.

6. Sganarelle extorque de l'argent à :

☐ M. Robert.   ☐ Géronte.   ☐ Lucas.

7. Qui donne des coups de bâton à qui ?

☐ Géronte à Sganarelle.

☐ Sganarelle à Géronte.

☐ Lucas à Jacqueline.

8. Qui s'allie à qui ?

☐ Sganarelle à Léandre.

☐ Sganarelle à Martine.

☐ Lucas à Léandre.

9. Qui veut se venger de qui ?

☐ Jacqueline de Sganarelle.

☐ Martine de Sganarelle.

☐ Sganarelle de Martine.

10. Qui convoite qui ?

☐ Sganarelle Lucinde.

☐ Sganarelle Jacqueline.

☐ Léandre Lucinde.

11. À la fin de la pièce, qui dénonce l'imposture de Sganarelle ?

☐ Thibaut.   ☐ Martine.   ☐ Lucas.

12. Sganarelle est alors menacé de :

☐ prison.   ☐ pendaison.   ☐ rien du tout.

13. La pièce s'achève sur :

☐ l'annonce d'un mariage.

☐ une mort.

☐ un repas.

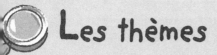

Les thèmes

1. *Le Médecin malgré lui* **propose une satire :**
☐ de la médecine.
☐ de la religion.
☐ des femmes ridicules.

2. Lequel de ces thèmes n'est pas traité dans la pièce ?
☐ Une femme se venge de son mari jaloux.
☐ Une fille se venge de son père tyrannique.
☐ Un valet se venge de son maître.

3. Classez ces thèmes par ordre d'apparition dans la pièce :
... La satire des maris jaloux.
... La satire des crédules.
... La satire des pères tyranniques.

4. Lequel de ces thèmes apparaît dans la pièce ?
☐ La revanche d'une fille contre son père.
☐ La revanche d'un amoureux jaloux.
☐ La revanche d'un fils contre son père.

Les objets

1. Lequel de ces accessoires n'apparaît pas dans la pièce ?
☐ Une bouteille.　　☐ Un bâton.　　　☐ Un sac.

2. Lequel de ces accessoires est présent dans la pièce ?
☐ Un bout de pain.
☐ Un morceau de viande.
☐ Un morceau de fromage.

3. Lequel de ces accessoires n'appartient pas au comique de la farce ?
☐ Le bâton.　　　☐ La bouteille.　　☐ L'épée.

4. Sganarelle fait une déclaration d'amour à :
☐ son chapeau.　　☐ un sac d'or.　　☐ sa bouteille.

Les costumes

1. Sganarelle, au début de la pièce, porte un habit :
☐ vert et rouge. ☐ jaune et rouge. ☐ jaune et vert.

2. Il porte aussi :
☐ une perruque. ☐ une fraise. ☐ un chapeau.

3. Martine dit de lui :
☐ « C'est un homme qui a une large barbe noire. »
☐ « C'est un homme qui a une large barbe blanche. »
☐ « C'est un homme qui a de longues moustaches noires. »

4. Lorsqu'il se déguise, Sganarelle porte :
☐ un chapeau pointu.
☐ des lunettes.
☐ une robe blanche.

5. Léandre se déguise en :
☐ médecin. ☐ apothicaire. ☐ valet.

6. À la fin de la pièce, Sganarelle est-il en habit de :
☐ médecin. ☐ fagotier. ☐ apothicaire.

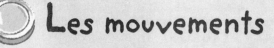

Les mouvements

1. Quel jeu de scène n'apparaît pas dans la pièce ?
☐ Lucas frappe Géronte à la poitrine.
☐ Sganarelle fait pirouetter Lucas.
☐ Jacqueline donne une gifle à M. Robert.

2. Parmi ces jeux de scène, lequel n'appartient pas au genre de la farce ?
☐ La bastonnade.
☐ Le duel.
☐ Le jeu autour de la bourse.

Les personnages

1. **Quel est le vrai métier de Sganarelle ?**
   ☐ Fagotier. ☐ Médecin. ☐ Cordonnier.

2. **Le principal reproche que Martine fait à Sganarelle est d'être :**
   ☐ ivrogne. ☐ infidèle. ☐ inculte.

3. **Sganarelle autrefois a appris des rudiments de :**
   ☐ latin. ☐ droit. ☐ médecine.

4. **Combien Sganarelle et Martine ont-ils d'enfants ?**
   ☐ Deux. ☐ Trois. ☐ Quatre.

5. **Parmi ces quatre adjectifs, lequel ne convient pas pour caractériser Sganarelle ?**
   ☐ Paillard. ☐ Bouffon.
   ☐ Insouciant. ☐ Mélancolique.

6. **Parmi ces quatre adjectifs, lequel ne convient pas pour caractériser Martine ?**
   ☐ Intelligente. ☐ Vive.
   ☐ Soumise. ☐ Rusée.

7. **Qui est M. Robert ?**
   ☐ Le frère de Martine.
   ☐ Le père de Perrin.
   ☐ Un voisin de Sgnanarelle et Martine.

8. **Quel est le personnage qui n'apparaît que dans le premier acte ?**
   ☐ Léandre. ☐ Martine. ☐ M. Robert.

9. **Qui, dans cette liste, n'est pas serviteur de Géronte ?**
   ☐ Thibaut. ☐ Perrin. ☐ Lucas.

10. **Le mari de Jacqueline s'appelle :**
    ☐ M. Robert. ☐ Lucas. ☐ Perrin.

11. **L'amoureux de Lucinde s'appelle :**
    ☐ Léandre. ☐ Valère. ☐ Thibaut.

12. Quel est le nom du mari que veut imposer Géronte à sa fille ?

☐ Valère.   ☐ Horace.   ☐ On ne sait pas.

13. Quel personnage disparaît à la fin de l'acte I pour ne réapparaître qu'à l'acte III ?

☐ M. Robert.   ☐ Jacqueline.   ☐ Martine.

14. Lucinde souffre :

☐ de migraines.
☐ de douleurs au ventre.
☐ de mutisme.

15. Pour impressionner son auditoire lors de la scène de consultation, Sganarelle parle :

☐ chinois.   ☐ allemand.   ☐ latin.

16. Jacqueline est :

☐ femme de chambre.
☐ cuisinière.
☐ nourrice.

17. Quel couple de personnages n'apparaît que dans une unique scène à l'acte III ?

☐ Lucas et Valère.
☐ Thibaut et Perrin.
☐ Lucas et Thibaut.

18. Remettez ces personnages dans l'ordre de leur apparition sur scène :

... Géronte.   ... M. Robert.   ... Sganarelle.

19. Même exercice pour :

... Jacqueline.   ... Martine.   ... Lucinde.

20. Qui parle le premier dans la pièce ?

☐ Martine.   ☐ Sganarelle.   ☐ Géronte.

21. Qui parle le dernier dans la pièce ?

☐ Léandre.   ☐ Géronte.   ☐ Sganarelle.

Citations

1. Laquelle de ces injures n'apparaît pas dans la première scène ?
- ☐ « Sac à vin ».
- ☐ « Fripon ».
- ☐ « Débile ».

2. La première réplique de la pièce est :
- ☐ « Qu'est-ce donc ? Qu'avez-vous ? »
- ☐ « Trois et deux font cinq, et cinq font dix, et dix font vingt. »
- ☐ « Non, je te dis que je n'en veux rien faire. »

3. Laquelle de ces répliques n'est pas prononcée par Sganarelle dans la pièce ?
- ☐ « Oh ! la grande fatigue que d'avoir une femme ! »
- ☐ « Diable emporte, si j'entends rien en médecine ! »
- ☐ « Moi, je veux me fâcher et ne veux rien entendre ! »

4. Thibaut dit à Sganarelle que sa femme est malade :
- ☐ d'hyprocrisie.
- ☐ d'hydropisie.
- ☐ de déshydratation.

5. Lucinde dit à son père :
- ☐ « Et je me jetterai plutôt dans un couvent que d'épouser un homme que je n'aime point. »
- ☐ « Et je me jetterai plutôt au feu que d'épouser un homme que je n'aime point. »
- ☐ « Et je m'enfuirai plutôt au diable que d'épouser un homme que je n'aime point. »

6. La dernière réplique de la pièce est :
- ☐ « Vive, vive, vive, cent fois vive, Le Nouveau Docteur. »
- ☐ « Mes gages ! Mes gages ! »
- ☐ « Et songe que la colère d'un médecin est plus à craindre qu'on ne peut croire. »

En savoir plus sur : **www.petitsclassiqueslarousse.com**

Portrait de Molière en habit de Sganarelle,
gravure de Simonin, XVIIᵉ siècle,
Bibliothèque nationale de France,
Paris.

POUR
APPROFONDIR

Thèmes et prolongements

❖ La satire de la médecine

Depuis les farces et divertissements donnés lors des tournées en province, jusqu'au *Médecin malgré lui* et, plus tard, *Le Malade imaginaire*, Molière n'a cessé de mettre en scène les médecins. S'il s'agit d'une tradition comique vivante depuis l'Antiquité, cette satire revêt chez Molière l'aspect d'une lutte contre l'obscurantisme de son époque. Et plus largement, elle permet une dénonciation des discours et des apparences sociales.

Une tradition comique

Il existe au théâtre une tradition du médecin ridicule. Les sujets du *Médecin volant* et du *Médecin malgré lui* viennent du théâtre italien et espagnol. Sganarelle en médecin et Léandre en apothicaire exhibent un costume (l'ample robe noire et le fameux chapeau des plus pointus), une posture de sérieux, des attributs (même s'il n'est pas cité dans les didascalies, on peut imaginer Léandre muni du célèbre clystère) qui suscitent d'emblée le rire du spectateur. À ce comique des corps et des jeux de scène (ainsi Sganarelle qui contrefait l'apothicaire à la scène 5 de l'acte III), s'adjoint le comique verbal. Ce comique est non seulement lié à l'intrusion d'un langage pseudo-savant (le vocabulaire technique de la médecine et, plus mystérieux encore, le latin), mais encore aux allusions triviales aux fonctions corporelles (« la matière est-elle louable ? ») telles qu'on les trouve dans les farces médiévales ou les textes de Rabelais.

La médecine de Sganarelle

Si Sganarelle est un faux médecin, son discours est cependant le reflet de ceux que tenaient les médecins contemporains de Molière. Ainsi, fidèle à la théorie des humeurs issue de l'Antiquité, Sganarelle cite Hippocrate dont la Faculté de Paris, vingt-deux siècles après lui, utilisait encore les notions comme base du raisonnement médical.

Molière dénonce ici ces savants qui, ignorants, prétentieux, enfermés dans un savoir périmé, refusent les progrès de la science et continuent à citer Aristote et Cicéron comme les autorités suprêmes, à l'époque même où le philosophe Descartes invitait, contre les dogmes, à penser par soi-même.

Pire, cette science n'en est pas une : compromise avec le charlatanisme (ainsi le fromage précieux que Sganarelle propose à titre de médicament), elle fait du médecin une sorte de magicien. À ce titre, on peut rappeler qu'au XVIIe siècle la météorologie et l'astronomie étaient aussi dans les mains des médecins.

« Il suffit de l'habit »

Au-delà du médecin, ce sont toutes les figures de l'imposture fondées sur l'habit et l'usage d'un langage pourrait-on dire « sacré », inintelligible au profane, que vise Molière.

Ainsi, si Sganarelle gruge Géronte en faisant du spectateur son complice ravi, il dupe aussi Thibaut, un pauvre paysan inquiet de la santé de sa femme – et compte tenu du récit de ses symptômes, elle semble particulièrement mal en point –, qui a déjà épuisé les services d'un apothicaire, et qui, sans doute désespéré, vient demander l'aide d'un médecin.

Et c'est aussi tout le cynisme du médecin qui éclate chez Sganarelle : « Les bévues ne sont point pour nous ; et c'est toujours la faute de celui qui meurt. »

Si, à la fin du *Médecin malgré lui*, grâce à Sganarelle qui fait triompher la fantaisie et l'amour, la comédie est sauve, reste cependant que l'habit du médecin et son langage pédant, au service du pouvoir, apparaissent aussi, de façon insidieuse, comme menaçants : « Je te donnerai la fièvre », dit Sganarelle à Lucas.

Mais encore une fois, la comédie est sauve : l'argumentation toujours loufoque de Sganarelle, ses thérapies extravagantes (faire marcher Lucas sur un crachat !) sont d'abord au service de la farce.

Pour approfondir

✦ Le comique

De la scène initiale à l'heureux dénouement, la pièce tout entière est placée sous le signe du rire : « velà un médecin qui me plaît ; je pense qu'il réussira, car il est bouffon », nous avertit Lucas, qui dit ensuite à Géronte : « Ne prenez pas garde à ça Monsieur : ce n'est que pour faire rire. » Dans cette pièce pour rire et pour faire rire, Molière joue magistralement des quatre types du comique théâtral.

Le comique de situation

Par cette expression, on souligne que l'intrigue, sans souci de vraisemblance, est fondée sur l'incongruité des situations, jouant sur le désordre des identités, faisant se côtoyer des personnages qui n'auraient jamais dû se rencontrer... Il en va bien ainsi pour l'intrigue « folle » du *Médecin*, qui pourrait être résumée ainsi : rossée par son mari, une femme rusée rencontre par hasard deux valets à la recherche d'un médecin ; elle les dupe et ils battent son mari, qui à son tour bat et dupe Géronte, qui lui-même séquestre sa fille, dont la fausse maladie permet d'introduire le faux médecin qui profite de son habit pour courtiser la femme de celui qui l'a battu et favoriser l'intrusion d'un faux apothicaire, vrai amoureux, qui profite à son tour de sa prétendue qualité pour s'enfuir avec la jeune fille ! Soit une accumulation de méprises, de renversements et de coups de théâtre.

Le comique de mots

Jurons, jeux de mots, plaisanteries grivoises, intrusion de termes inventés, altération de la grammaire et de la syntaxe à travers le jargon campagnard, production d'un galimatias à travers la fausse langue savante, allusions scatologiques, rudiments de latin, onomatopées, baragouin inintelligible (et sur ce point paysans, médecin et malade sont à égalité), fabrication d'un double sens à destination du public : la pièce offre une véritable fête langagière. À cette intrigue folle correspond un langage tout aussi fou, saisi, dès la première scène, d'une liberté jubilatoire, hors de toute intention morale (d'emblée, le mari ivrogne, égoïste et tyrannique nous fait cependant rire). Évidemment Sganarelle, par son inventivité verbale, est l'incomparable maître de cette fête.

Les jeux de scène

Bastonnades à répétition – le bâton est l'accessoire traditionnel de la farce, et la répétition est au fondement du comique –, jeu avec la bouteille, avec la bourse remplie de pièces d'or (Sganarelle, par trois fois, la prend sans en avoir l'air, feint le désintéressement et empoche l'argent), empoignade de Lucas violentant son maître, pirouettes imposées à son mari par Jacqueline, œillades amoureuses sur les tétons de la nourrice... la pièce abonde en didascalies indiquant des jeux de scène, des mimiques, des mouvements du corps (par exemple à la scène 2 de l'acte II, lorsque, feignant d'embrasser Lucas, Sganarelle parvient à étreindre Jacqueline), qui, hérités de la *commedia dell'arte*, donnent à la pièce son rythme si rapide et joyeux. Le spectacle que propose *Le Médecin malgré lui* est d'abord visuel – en cela, les lecteurs que nous sommes sont tristement frustrés –, et là encore, c'est Sganarelle qui, occupant l'espace scénique, dynamise, crée le déplacement, provoque l'accélération, introduit le désordre et la mobilité dans l'univers statique du bourgeois Géronte.

La satire des ridicules

Molière se moque ici de certains types de caractère, de posture sociale et de profession. Soit, à travers Lucas, la satire du mari jaloux qui, caché, assiste malgré lui à son procès (III, 3), soit encore, à travers Géronte, la satire du père cupide dupé par sa propre fille, soit, à travers Sganarelle, c'est-à-dire ce simple fagotier habile en rouerries, la satire des médecins ignorants. Mais Molière se moque surtout de tous ces crédules qui croient ferme à tout ce qu'on leur raconte. Ainsi Géronte ne paraît-il pas s'inquiéter des notions sommaires d'anatomie que lui livre Sganarelle...

Pour approfondir

✤ Les objets

> Deux types d'objet occupent l'espace théâtral : les accessoires et les costumes. Dans l'étude d'une pièce, il est souvent utile de relever ceux que l'auteur mentionne dans les didascalies et dans le discours des personnages, afin de voir en quoi ils contribuent au sens et à l'esthétique de la pièce.

Les accessoires

Dans ses *Mémoires*, le décorateur Mahelot dresse la liste des objets que Molière utilisait pour la représentation du *Médecin malgré lui* : « des bois, une grande bouteille, deux bottes, trois chaises, un morceau de fromage, des jetons, une bourse ».

Aux objets qui n'ont qu'une fonction utilitaire, comme le siège que réclame Géronte lors de la scène de consultation, ou référentielle (les fagots permettent de caractériser socialement Sganarelle), s'adjoignent des objets dotés d'une valeur symbolique. Ainsi le bâton, la bouteille, l'argent.

Le bâton nous renvoie, dès la première scène, à l'univers de la farce. Il est l'arme des petits, là où les personnages nobles de la tragédie portent et manient l'épée, et il permet toutes sortes de jeux de scène comiques, de multiples renversements de situation.

La bouteille apparaît à la scène 5 de l'acte I : Sganarelle lui dédie un véritable chant d'amour avant qu'elle ne devienne l'objet d'un important jeu de scène. Molière joue ici d'une caractéristique du valet depuis l'Antiquité, personnage jovial qui aime boire.

Enfin, autre emprunt aux comédies antiques : le jeu autour de la bourse, comme pour les bastonnades, repose sur le comique de répétition (II, 4 ; II, 5 et III, 2).

Les costumes

Dans la scène 4 de l'acte I, Molière insiste sur la tenue « extravagante » de son héros : « c'est un homme [...] qui porte une fraise, avec un habit jaune et vert ». Ce costume ne renvoie pas à la silhouette reconnaissable d'un bûcheron au temps de Molière. Il s'agit bien d'un accoutrement bouffon propre au climat de comédie : le célèbre Brighella qui, avec Arlequin, forme le couple des valets rusés dans la *commedia dell'arte*, porte un même costume bicolore.

Surtout, on assiste dans la pièce à deux déguisements : celui, à l'acte II, de Sganarelle vêtu « en robe de médecin, avec un chapeau des plus pointus », et celui de Léandre, à l'acte III.

Ces déguisements ont d'abord une fonction dramatique : ils nouent et dénouent l'intrigue, font avancer l'action. Dans la maison du maître, on ne peut pénétrer que masqué, et l'habit d'apothicaire permet à Léandre, méconnaissable, de voir Lucinde et de s'enfuir avec elle.

Ils ont aussi une fonction comique : on rit du stratagème du dupeur, et de la bêtise du dupé. Ainsi rendent-ils ridicules les précautions du vieillard – c'est le canevas comique traditionnel de la précaution inutile – et servent le comique de situation : Géronte accueille chez lui l'amant dangereux dont il voulait se protéger.

Les déguisements permettent en outre la satire d'un univers social fondé sur les signes trompeurs et où « l'habit fait le moine ». Et d'une certaine façon, c'est grâce au travestissement que la vérité, démasquée, surgit sur scène : celle d'une société où l'apparence est reine.

Enfin, de l'habit du fagotier à celui du médecin, les costumes témoignent du goût de Molière, grand acteur comique, pour le déguisement, les masques, la mise en scène des corps bouffons. Il s'agit là, et c'est peut-être l'essentiel, d'une fonction esthétique. Depuis sa première apparition, c'est toujours Molière qui, grimé, les moustaches tombantes, incarnait le rôle sur scène. Or le succès de Sganarelle représente bien l'apothéose du pouvoir de l'acteur, capable de faire croire à ses mensonges, d'illusionner le public et finalement de faire triompher, ne serait-ce que le temps d'une représentation, la vie et le rire sur les forces du sérieux et de l'oppression sociale. Dans cette pièce où, grâce au déguisement, c'est-à-dire à une arme spécifiquement théâtrale, Sganarelle parvient à conquérir le pouvoir, on peut ainsi voir une véritable apologie du théâtre.

Pour approfondir

Maquette de costumes pour Sganarelle,
par Claire Leforestier,
Comédie de Saint-Étienne.

✤ Le personnage de Sganarelle

Le personnage de Sganarelle, interprété par Molière lui-même, se retrouve dans cinq autres pièces plus anciennes. Homme de tous les contrastes, comédien extravagant, rusé et joyeux, il assure le triomphe du rire et incarne parfaitement la comédie.

« C'est un homme extraordinaire » (I, 4)

Extraordinaire, Sganarelle l'est par tous ses contrastes : homme de la campagne et savant (il peut citer Aristote et Cicéron, certes avec inexactitude), fagotier et médecin, pauvre mais qui incarne la joie de vivre insouciante, ivrogne et paresseux, mais qui le reconnaît avec innocence, cynique mais sympathique, despote avec sa femme mais drôle et amoureux des plaisirs.

Le personnage marque la réunion de deux influences. De la farce, il garde l'habileté à duper, à faire rire des ridicules, et un maniement du langage particulièrement virtuose. Mais sa vivacité, son agilité corporelle font de lui l'héritier des personnages de la *commedia dell'arte*.

Un parfait comédien

À partir du second acte, Sganarelle se déguise. Il chante, imite les voix (il va même jusqu'à imiter le mutisme de Lucinde), et multiplie les registres de langue. Dans la scène de la consultation, il use d'un langage savant, convoquant non seulement un vocabulaire médical et des termes techniques (« pouls », « vapeurs », « humeurs peccantes »...), mais aussi ses supposées connaissances des auteurs anciens et des langues mortes : l'hébreu, le grec, et bien sûr le latin, destiné à assurer sa supériorité sur un public ignorant. À quoi il faut ajouter une parodie de démonstration, un brillant raisonnement, ridiculement logique, qui achève d'éblouir son auditoire. Tel est le paradoxe exploité par Molière : Sganarelle use de tous les procédés de langage, de toute sa virtuosité rhétorique, allant même jusqu'à inventer des mots, pour guérir un cas de mutisme !

Pour approfondir

Mais Sganarelle est aussi celui qui profère des jurons face à Martine, joue de plaisanteries égrillardes avec Jacqueline... Bref, d'un langage multiforme, il exploite toutes les possibilités, et apparaît comme un personnage insaisissable, toujours en mouvement, et toujours aussi « fou » à la fin de la pièce. Quand Sganarelle est-il vraiment lui-même ? On l'ignore. Il est d'ailleurs significatif que, revêtu de l'habit jaune et vert, il apparaisse déjà déguisé, peut-être plus encore dans ce costume coloré de « paroquet » que sous sa robe noire de médecin.

Le triomphe de la comédie

Sganarelle finit par déployer des trésors de ruse pour faire triompher l'amour et la jeunesse. Son invention et son verbe entrent désormais au service, non de son intérêt particulier, mais d'une juste cause. Le spectateur, complice, voit alors avec plaisir, outre le supplice comique d'un Géronte berné, la liberté, la vie triompher contre les forces mortifères de l'autorité d'un père et d'un maître tyrannique. Or c'est Sganarelle seul qui permet ce triomphe.

Son apothéose se signale par son occupation ostentatoire de l'espace dans la scène 6 de l'acte III. Se promenant sur le théâtre à sa guise, il l'arpente comme pourrait le faire un metteur en scène réglant les mouvements de ses comédiens. Et de fait, Sganarelle devient ici directeur de troupe, amenant où il le veut Géronte et Léandre.

À cette occupation de l'espace correspond une occupation de la parole : si, dans toute la pièce, Sganarelle est le plus présent, il monopolise dans cette scène plus de la moitié des dialogues. Et il va réintroduire la comédie et la ruse là où Lucinde, par sa brutale opposition, avait introduit la vérité et laissé planer une menace tragique. Par son éblouissante supériorité verbale, il s'affirme comme le héros joyeux, vainqueur de la comédie.

On peut ainsi dire que Sganarelle incarne dans la pièce les pouvoirs de la comédie, qu'il apparaît tel le double accompli de son créateur. Il est celui qui, faisant rire le spectateur en connivence avec lui, met toute son invention au service de la vie : « Ô admirable médecin ! »

Pour approfondir

Textes et images

✢ Le corps dans tous ses états

Corps qu'on frappe, qu'on tâte, qu'on gratte ou qu'on cajole, corps qu'on nourrit et qui boit, corps malade ou bien portant, corps omniprésent derrière les déguisements et évoqué dans ses fonctions les plus intimes (purger, saigner, évacuer la matière…), le corps de la farce apparaît dans tous ses états.

Documents :

❶ Extrait de *Gargantua*, de Rabelais

❷ Extrait du *Malade imaginaire*, de Molière

❸ Extrait du *Voyage au bout de la nuit*, de Céline

❹ Gravure de Margoot d'après une illustration de Horace Vernet (1758-1836) pour *Le Médecin malgré lui*, extraite de la revue *Le Moliériste*

❺ *Le Médecin malgré lui*, mise en scène de Dario Fo avec Gérard Giroudon, Marcel Bozonnet et Philippe Torreton, Comédie-Française, Paris, 1991

❻ *Le Médecin malgré lui*, mise en scène de Benno Besson avec Françoise Giret, Alain Tretout, Claude Vuillemin, Nicolas Serreau, Antoine Basler, Michel Kullmann, Gilles Prinat, Emmanuelle Ramu et Jean-Marc Stehle, Maison des Arts de Créteil, 1986

Pour approfondir

❶ Le bonhomme Grandgousier, pendant qu'il buvait et se rigolait avec les autres, entendit l'horrible cri que son fils avait poussé en entrant dans la lumière de ce monde, quand il braillait pour demander « À boire ! à boire ! à boire ! » Il dit alors : « Que grand tu as » (sous-entendez : le gosier). À ces mots, les assistants dirent qu'assurément il devait, pour cette raison, recevoir le nom de Gargantua [...]. Grandgousier y condescendit, et la chose convint tout à fait à la mère. Ensuite, pour apaiser l'enfant, on lui donna à boire à tire-larigot [...]. Et dix-sept mille neuf cent treize vaches de Pontille et de

Bréhémont lui furent dévolues par ordonnance pour son allaitement ordinaire. Car il n'était pas possible de trouver dans tout le pays une nourrice satisfaisante, vu la grande quantité de lait nécessaire à son alimentation [...]. Il passa à ce régime un an et trois mois ; quand il parvint à cet âge, sur le conseil des médecins, on commença à le sortir et une belle charrette à bœufs fut construite [...] et il faisait bon le voir car il portait belle trogne et avait presque dix-huit mentons ; et il ne criait que bien peu, mais se conchiait à tout moment, car il était prodigieusement flegmatique des fesses, tant par complexion naturelle que par une disposition fortuite qu'il avait contractée car il humait trop de purée septembrale. Et il n'en humait jamais goutte sans raison, car, s'il arrivait qu'il fût dépité, courroucé, contrarié ou chagrin, s'il trépignait, s'il pleurait, s'il criait, en lui apportant à boire on le rassérénait et, aussitôt, il restait tranquille et joyeux. Une de ses gouvernantes m'a dit, en jurant ses grands dieux, qu'il était tellement coutumier du fait, qu'au seul son des pots et des flacons, il entrait en extase, comme s'il eût goûté les joies de paradis. Si bien que, en considération de cette constitution divine, pour le réjouir le matin, elles faisaient devant lui tinter des verres avec un couteau, ou des carafons avec leur bouchon, ou des pichets avec leur couvercle. À ce son il s'épanouissait, tressaillait, se berçait lui-même en dodelinant de la tête, pianotant des doigts, et barytonnant du cul.

Rabelais, Gargantua, 1535, translation en français moderne, Seuil, 1996.

❷ **Toinette.** Donnez-moi votre pouls. Allons donc, que l'on batte comme il faut. Ah ! je vous ferai bien aller comme vous devez. Ouais ! ce pouls-là fait l'impertinent ; je vois bien que vous ne me connaissez pas encore. Qui est votre médecin ?

Argan. Monsieur Purgon.

Toinette. Cet homme-là n'est point écrit sur mes tablettes entre les grands médecins. De quoi dit-il que vous êtes malade ?

Argan. Il dit que c'est du foie, et d'autres disent que c'est de la rate.

Toinette. Ce sont tous des ignorants. C'est du poumon que vous êtes malade.

ARGAN. Du poumon ?

TOINETTE. Oui. Que sentez-vous ?

ARGAN. Je sens de temps en temps des douleurs de tête.

TOINETTE. Justement, le poumon.

ARGAN. Il me semble parfois que j'ai un voile devant les yeux.

TOINETTE. Le poumon.

ARGAN. J'ai quelquefois des maux de cœur.

TOINETTE. Le poumon.

ARGAN. Je sens parfois des lassitudes par tous les membres.

TOINETTE. Le poumon.

ARGAN. Et quelquefois il me prend des douleurs dans le ventre, comme si c'étaient des coliques.

TOINETTE. Le poumon. Vous avez appétit à ce que vous mangez ?

ARGAN. Oui, monsieur.

TOINETTE. Le poumon. Vous aimez à boire un peu de vin.

ARGAN. Oui, monsieur.

TOINETTE. Le poumon. Il vous prend un petit sommeil après le repas, et vous êtes bien aise de dormir ?

ARGAN. Oui, monsieur.

TOINETTE. Le poumon, le poumon, vous dis-je. Que vous ordonne votre médecin pour votre nourriture ?

ARGAN. Il m'ordonne du potage.

TOINETTE. Ignorant !

ARGAN. De la volaille.

TOINETTE. Ignorant !

ARGAN. Du veau.

TOINETTE. Ignorant !

ARGAN. Des bouillons.

TOINETTE. Ignorant !

ARGAN. Des œufs frais.

TOINETTE. Ignorant !

ARGAN. Et, le soir, de petits pruneaux pour lâcher le ventre.

TOINETTE. Ignorant !

ARGAN. Et surtout de boire mon vin fort trempé.

Pour approfondir

Textes et images

Toinette. Ignorantus, ignoranta, Ignorantum. Il faut boire votre vin pur, et, pour épaissir votre sang, qui est trop subtil, il faut manger de bon gros bœuf, de bon gros porc, de bon fromage de Hollande ; du gruau et du riz, et des marrons et des oublies, pour coller et conglutiner. Votre médecin est une bête. Je veux vous en envoyer un de ma main ; et je viendrai vous voir de temps en temps, tandis que je serai en cette ville.

Argan. Vous m'obligerez beaucoup.

Molière, *Le Malade imaginaire*, 1673.

③ Tenancier d'un comptoir au centre du quartier des Européens, moisi de fatigue, croulant huileux, il redoutait toute lumière à cause de ses yeux, que deux ans de cuisson ininterrompue sous les tôles ondulées avaient rendus atrocement secs [...]. Tout rayon lumineux le blessait. Une énorme taupe bien galeuse.

[...]

Il n'arrêtait pas de se gratter tout autour de lui-même, giratoirement pour ainsi dire, de l'extrémité de la colonne vertébrale à la naissance du cou. Il se sillonnait l'épiderme et le derme même de rayures d'ongles sanglants, sans cesser pour cela de servir les clients, nombreux [...] Avec sa main libre, il plongeait alors, affairé, en diverses cachettes, et à droite et à gauche, dans la ténébreuse boutique. Il en soutirait sans jamais se tromper, habile et prompt à ravir, très justement ce qu'il fallait au chaland [...] de bière suralcoolique en canettes truquées qu'il laissait retomber brusquement si la frénésie le reprenait d'aller se gratter, par exemple, dans les grandes profondeurs de son pantalon [...].

Cette maladie qui lui rongeait la peau, il lui donnait un nom local « Corocoro ». Cette vache de « Corocoro » !

Céline, *Voyage au bout de la nuit*, 1932.

❹

Horace Vernet p.ˣ   Nargeot,

LE MÉDECIN MALGRÉ LUI.

LUCAS, tirant Sganarelle
Tout doucement, s'il vous plaît.

Pour approfondir

121

Textes et images

5

6

❖ Étude des textes

Savoir lire

1. Dans le texte de Rabelais (texte 1), relevez tous les éléments de démesure.

2. Quels éléments sont présents dans les textes 1 et 2 ? À quoi ces deux auteurs semblent-ils nous inviter ?

3. Relevez, dans les trois textes, tous les mots et expressions liés au corps humain. Qu'y a-t-il de commun dans l'écriture de ces trois auteurs ?

4. Qu'est-ce qui différencie la représentation du corps chez Rabelais et Molière d'une part, chez Céline d'autre part ? S'agit-il du même comique ?

Savoir faire

5. Décrivez, sur le mode de l'humour noir, un personnage affecté d'une maladie.

6. Écrivez une scène de comédie où un médecin proposerait un diagnostic et une prescription extravagante.

7. Dans la scène du *Malade imaginaire* (texte 2), Toinette se déguise en médecin. Cherchez trois autres extraits de pièces, de Molière et d'autres auteurs, où un personnage se déguise. Quelles sont les fonctions du déguisement ?

❖ Étude des images

Savoir analyser

1. Quelle scène du *Médecin malgré lui* illustre la gravure (doc. 4) ? Commentez l'expression du visage de Jacqueline : vous paraît-elle conforme à la Jacqueline de Molière ?

2. Donnez un titre à la photographie de mise en scène de Dario Fo (doc. 5). Quel moment de la pièce, et plus précisément quelles répliques de la scène, cette image vous évoque-t-elle ?

3. Quels sont à votre avis les quatre personnages représentés sur scène dans la photographie de mise en scène de Benno Besson (doc. 6) ? De quelle scène s'agit-il, et plus particulièrement quel moment de la scène ?

Pour approfondir

123

Textes et images

4. Sganarelle en médecin (doc. 4 et doc. 6) : en quoi ces deux images évoquent-elles deux bénéfices différents que Sganarelle, dans la pièce de Molière, tire de son déguisement ?

5. Géronte et Lucinde dans la mise en scène de Benno Besson (doc. 6) : commentez leur posture et leur vêtement. En quoi la réunion sur scène de ces deux corps est-elle incongrue ?

6. Si vous étiez metteur en scène… Quelle posture, quelles expressions, quel costume imagineriez-vous pour Lucinde à l'acte II ? Et quelle métamorphose physique pourriez-vous imaginer pour sa réapparition au dernier acte ?

✥ Du jargon au charabia

Le comique exploite depuis longtemps le jargon des personnages pédants qui utilisent d'obscures formules latines et un vocabulaire savant pour mieux asseoir leur pouvoir. Et cela va jusqu'au comique du charabia où le langage, saisi de folie, semble tourner à vide.

Documents :

❶ Extrait de *Pantagruel*, de Rabelais

❷ Extrait du *Mariage forcé*, de Molière

❸ Extrait de *Dom Juan*, de Molière

❹ Extrait d'*Exercices de style*, de Raymond Queneau

❶ Un jour, je ne sais quand, Pantagruel, se promenait après souper avec ses compagnons, passait la porte que l'on prend pour aller à Paris. Là il rencontra un écolier tout pimpant qui venait par ce chemin, et, après un échange de saluts, il lui demanda : « Mon ami, d'où viens-tu à cette heure ? »

L'écolier lui répondit : « De l'alme, inclite, et célèbre académie que l'on vocite Lutèce.

– Qu'est-ce à dire ? dit Pantagruel à un de ses compagnons.

– C'est, répondit-il, de Paris qu'il s'agit.

– Tu viens donc de Paris, dit Pantagruel. Et à quoi passez-vous le temps, vous autres messires les étudiants, à Paris ? »

L'écolier lui répondit : « Nous transfrétons la Séquane au dilicule et au crépuscule ; nous déambulons par les compites et les quadrivies de l'urbe ; nous despumons la verbocination latiale » […]. À ces mots Pantagruel lui dit : « Quel diable de langage est-ce là ? Par Dieu, tu es quelque hérétique.

– Seignor, non, dit l'écolier […]. Je révère les Olympicoles, je vénère latrialement le supernel Astripotent. Je dilige et rédame mes proximes. Je serve les prescrits décalogiques, et, selon la facultatule de mes vires, n'en discède le late unguicule […].

– Eh bien, dit Pantagruel, qu'est-ce que veut dire ce fou ? Je crois qu'il nous fabrique ici quelque langage du diable, et qu'il est en train de nous envoûter avec des formules magiques. »

À ces mots l'un de ses compagnons lui dit : « Seigneur, sans doute ce galant veut-il reproduire la langue des Parisiens ; mais il ne fait qu'écorcher le latin […] ; et il se prend pour un grand orateur en français, parce qu'il dédaigne la commune façon de parler. » Sur ce, Pantagruel dit : « Est-ce vrai ? »

L'écolier lui répondit : « Signor Missaire, mon génie n'est point apte nate à ce que dit ce flagitiose nébulon pour escorier la cuticule de notre vemacule gallique, mais vice versement je gnave opère, et par vèles et rames je me énite de le locupléter de la redondance latinicome.

– Par Dieu, dit Pantagruel, je vous apprendrai à parler ; mais auparavant, réponds-moi : d'où es-tu ? »

À ces mots l'écolier lui dit : « L'origine primève de mes aves et ataves fut indigène des régions Lémoviques, où réquiesce le corpore de l'agiotate saint Martial.

– Je vois, dit Pantagruel ; tu es Limousin pour tout potage, et tu veux ici faire le Parisien. Viens donc là que je te frotte les oreilles ! »

Rabelais, *Pantagruel*, 1532.

Pour approfondir

2 [Sganarelle consulte Pancrace sur son mariage.]

PANCRACE. Que voulez-vous ?

SGANARELLE. Vous consulter sur une petite difficulté.

PANCRACE. Sur une difficulté de philosophie, sans doute ?

SGANARELLE. Pardonnez-moi. Je…

PANCRACE. Vous voulez peut-être savoir, si la substance, et l'accident, sont termes synonymes, ou équivoques, à l'égard de l'être ?

SGANARELLE. Point du tout. Je…

PANCRACE. Si la logique est un art, ou une science ?

SGANARELLE. Ce n'est pas cela. Je…

PANCRACE. Si elle a pour objet les trois opérations de l'esprit, ou la troisième seulement ?

SGANARELLE. Non. Je…

PANCRACE. S'il y a dix catégories, ou s'il n'y en a qu'une ?

SGANARELLE. Point. Je…

PANCRACE. Si la conclusion est de l'essence du syllogisme ?

SGANARELLE. Nenni. Je…

PANCRACE. Si l'essence du bien est mise dans l'appétibilité, ou dans la convenance ?

SGANARELLE. Non. Je…

PANCRACE. Si le bien se réciproque avec la fin ?

SGANARELLE. Eh ! non. Je…

PANCRACE. Si la fin nous peut émouvoir par son être réel, ou par son être intentionnel ?

SGANARELLE. Non, non, non, non, non, de par tous les diables, non.

PANCRACE. Expliquez donc votre pensée : car je ne puis pas la deviner.

SGANARELLE. Je vous la veux expliquer aussi : mais il faut m'écouter.

SGANARELLE, *en même temps que le Docteur*. L'affaire que j'ai à vous dire, c'est que j'ai envie de me marier avec une fille, qui est jeune, et belle. Je l'aime fort, et l'ai demandée à son père : mais comme j'appréhende…

PANCRACE, *en même temps que Sganarelle*. La parole a été donnée à l'homme, pour expliquer sa pensée ; et tout ainsi que les pensées sont les portraits des choses, de même nos paroles sont-elles les portraits de nos pensées : mais ces portraits diffèrent des autres portraits, en ce que les autres portraits sont distingués partout de leurs originaux, et que la parole enferme en soi son original, puisqu'elle n'est autre chose que la pensée, expliquée par un signe extérieur : d'où vient que ceux qui pensent bien, sont aussi ceux qui parlent le mieux. Expliquez-moi donc votre pensée par la parole, qui est le plus intelligible de tous les signes.

SGANARELLE. *Il repousse le Docteur dans sa maison, et tire la porte pour l'empêcher de sortir.* Peste de l'homme !

Molière, *Le Mariage forcé*, 1664.

3 **SGANARELLE.** Ô Ciel ! qu'entends-je ici ? Il ne vous manquait plus que d'être hypocrite pour vous achever de tout point, et voilà le comble des abominations. Monsieur, cette dernière-ci m'emporte et je ne puis m'empêcher de parler. Faites-moi tout ce qu'il vous plaira, battez-moi, assommez-moi de coups, tuez-moi, si vous voulez : il faut que je décharge mon cœur, et qu'en valet fidèle je vous dise ce que je dois. Sachez, Monsieur, que tant va la cruche à l'eau, qu'enfin elle se brise ; et comme dit fort bien cet auteur que je ne connais pas, l'homme est en ce monde ainsi que l'oiseau sur la branche ; la branche est attachée à l'arbre ; qui s'attache à l'arbre, suit de bons préceptes ; les bons préceptes valent mieux que les belles paroles ; les belles paroles se trouvent à la cour ; à la cour sont les courtisans ; les courtisans suivent la mode ; la mode vient de la fantaisie ; la fantaisie est une faculté de l'âme ; l'âme est ce qui nous donne la vie ; la vie finit par la mort ; la mort nous fait penser au Ciel ; le ciel est au-dessus de la terre ; la terre n'est point la mer ; la mer est sujette aux orages ; les orages tourmentent les vaisseaux ; les vaisseaux ont besoin d'un bon pilote ; un bon pilote a de la prudence ; la prudence n'est point dans les jeunes gens ; les jeunes gens doivent obéissance aux vieux ; les vieux aiment les richesses ; les richesses font les riches ; les riches ne sont pas pauvres ; les pauvres ont de la nécessité ; nécessité n'a point de loi ; qui n'a point de loi vit en bête brute ; et, par conséquent, vous serez damné à tous les diables.

DOM JUAN. Ô le beau raisonnement !

SGANARELLE. Après cela, si vous ne vous rendez, tant pis pour vous.

Molière, *Dom Juan*, 1665.

Textes et images

4 [Raymond Queneau propose 99 versions différentes du même événement banal raconté dans le texte « Notations ».]

Notations

Dans l'S, à une heure d'affluence. Un type dans les vingt-six ans, chapeau mou avec cordon remplaçant le ruban, cou trop long comme si on lui avait tiré dessus. Les gens descendent. Le type en question s'irrite contre un voisin. Il lui reproche de le bousculer chaque fois qu'il passe quelqu'un. Ton pleurnichard qui se veut méchant. Comme il voit une place libre, se précipite dessus.

Deux heures plus tard, je le rencontre rue de Rome, devant la cour Saint-Lazare. Il est avec un camarade qui lui dit : « Tu devrais faire mettre un bouton supplémentaire à ton pardessus. » Il lui montre où (à l'échancrure) et pourquoi.

Médical

Après une petite séance d'héliothérapie, je craignis d'être mis en quarantaine, mais montai finalement dans une ambulance pleine de grabataires. Là, je diagnostique un gastralgique atteint de gigantisme opiniâtre avec élongation trachéale et rhumatisme déformant du ruban de son chapeau. Ce crétin pique soudain une crise hystérique parce qu'un cacochyme lui pilonne son tylosis gompheux, puis, ayant déchargé sa bile, il s'isole pour soigner ses convulsions. Plus tard, je le revois, hagard devant un Lazaret, en train de consulter un charlatan au sujet d'un furoncle qui déparait ses pectoraux.

Paysan

J'avions pas de ptits bouts de papier avec un numéro dessus, mais jsommes tout dmême monté dans steu carriole. Une fois que jmy trouvons sus steu plattforme de steu carriole qui z'appellent comm'ça eux zautres un autobus, jeum'sentons tout serré, tout gueurdi et tout racornissou. Enfin après qu'j'euyons paillé, je j'tons un coup d'œil tout alentour de nott personne et qu'est-ceu-queu jeu voyons-ti pas ? un grand flandrin avec un d'ces cous et un d'ces couv-la-tête pas ordinaires. Le cou, l'était trop long. L'chapiau, l'avait dla tresse autour, dame oui. Et pis, tout à coup, le voilà-ti pas

qui s'met en colère ? Il a dit des paroles de la plus grande méchan-
ceté à un pauv'meussieu qu'en pouvait mais et pis après ça l'est allé
s'asseoir, le grand flandrin.

Raymond Queneau, Exercices de style, Gallimard, 1947.

❖ Étude des textes

Savoir lire

1. Relevez quelques termes obscurs dans le texte de Rabelais
   (texte 1) : à quelle langue l'étudiant limousin les emprunte-t-il ?
   Sur qui porte sa satire ?

2. Quel est le thème commun au texte de Rabelais (texte 1)
   et à l'extrait du *Mariage forcé* de Molière (texte 2) ?

3. « Ô le beau raisonnement ! », dit Dom Juan après la tirade
   de Sganarelle (texte 3). Quelle valeur donnez-vous
   à cette réplique ? Expliquez sur quel comique de situation repose
   cette scène.

4. Qu'est-ce qui unit les textes 1, 2, et les deux extraits du texte 4 ?
   En quoi l'extrait de *Dom Juan* (texte 3) est-il différent ?

Savoir faire

5. Écrivez la suite du récit version « paysan » (texte 4). Vous pourrez
   comparer ensuite avec le texte de Raymond Queneau en vous
   reportant au livre.

6. Remettez la version « paysan » en français correct.

7. Réécrivez le texte initial de Queneau (notations) avec
   un vocabulaire pédant.

8. Lisez, dans *Le Bourgeois gentilhomme*, la scène 3 de l'acte IV.
   En quoi le maître de philosophie et Pancrace, dans *Le Mariage
   forcé* (texte 2) se ressemblent-ils ?

Pour approfondir

Langue et langages

Exercice 1 : Le Médecin malgré lui, Acte I, scène 5

1. « Je vous demande si ce n'est pas vous qui se nomme Sganarelle » (l. 37-38) : quelle est la particularité de cette phrase ? Transformez-la dans un **français plus moderne**.

2. Donnez deux synonymes de « civilités » (l. 41). Trouvez un **mot de la même famille** puis employez-le dans une phrase.

3. « feintes » (l. 83) : quel est le **verbe de la même famille** ? Donnez un **synonyme** de ce mot.

4. « que me voulez-vous dire ? » (l. 92) : quelle particularité comporte cette phrase ? Trouvez dans la suite du texte une **construction de ce type** et transformez-les dans un français plus moderne.

5. Que signifie l'expression « fâcheuses extrémités » (l. 99) ? Substituez-lui une **expression plus contemporaine**.

6. Remplacez les expressions suivantes par des **expressions plus contemporaines** :
   – « Eh ! Monsieur, laissons-là ce discours. » (l. 76) ;
   – « ne dissimulez point avec nous » (l. 88) ;
   – « Il faut donc s'y résoudre » (l. 118) ;
   – « vous extravaguez » (l. 126) ;
   – « vous vous défendez d'être médecin » (l. 128-129).

7. Dans le **parler paysan** de Lucas, relevez :
   – les déformations de mots ;
   – les erreurs sur l'accord sujet-verbe ;
   – le vocabulaire vieilli ;
   – les jurons paysans.

8. « Faut-il, Monsieur, qu'une personne comme vous s'amuse
à ces grossières feintes, s'abaisse à parler de la sorte !
qu'un homme si savant, un fameux médecin comme vous
êtes, veuille se déguiser aux yeux du monde, et tenir enterrés
les beaux talents qu'il a ! » (l. 82-86).
a) Relevez les **propositions subordonnées**.
b) Étudiez les **formes verbales** : « s'amuse », « s'abaisse », « veuille ».
c) Remplacez « et tenir enterrés les beaux talents qu'il a » par une
proposition subordonnée avec un verbe à un mode conjugué.

9. « lorsque, avec une goutte de quelque chose, vous la fîtes
revenir » (l. 158-159) : quel est le verbe employé et à quel **temps
de l'indicatif** est-il conjugué ? Mettez-le au passé composé.

10. **Rédaction :** Imaginez, en cinq lignes, un troisième miracle
qu'aurait accompli le médecin Sganarelle. Vous ferez raconter
ce prodige par :
a. Valère ;
b. Lucas.

Petite méthode

Soyez attentifs aux **registres** ou **niveau de langue**, qui se
définissent par une utilisation particulière de la prononciation,
de la syntaxe, de la grammaire.

• Le **registre familier** se signale par une articulation relâchée,
un vocabulaire souvent argotique, des incorrections grammaticales,
des phrases segmentées, l'absence de phrases complexes,
la présence d'éléments du type « hein », « tu vois », « alors ».

• Le **registre soutenu** se caractérise par une articulation
soignée, un vocabulaire plus riche et recherché,
des constructions syntaxiques plus complexes (la subordination
notamment) et l'utilisation de temps grammaticaux comme
le passé simple. Ces registres de langue sont propres
à des situations données.

Pour approfondir

Exercice 2 : *Le Médecin malgré lui,* Acte II, scène 4

1. De la ligne 14 à la ligne 46, relevez les principales composantes du **champ lexical** de la parole en distinguant :
   a) les termes liés à la parole et à son empêchement ;
   b) les onomatopées qui créent un nouveau langage.

2. « Je me garderais bien de la vouloir guérir » (l. 30-31).
   a) Trouvez un **équivalent moderne** de « je me garderais bien de ».
   b) Quelle est la particularité de l'expression « la vouloir guérir » ? Rétablissez l'ordre des mots en **français contemporain**.

3. « Je n'entends rien à cela » (l. 42), « Vous n'entendez point le latin » (l. 79-80), « je n'y entends goutte » (l. 89), « L'intérêt ne me gouverne point » (l. 172).
   a) Trouvez des **équivalents modernes** à ces expressions.
   b) Mettez-les à l'**affirmatif**.

4. « L'empêchement de l'action de sa langue » (l. 62).
   a) Il s'agit d'une **périphrase**, figure de rhétorique qui consiste à tourner autour du mot sans le donner. Remplacez-la par le terme ou l'expression courante.
   b) Proposez une périphrase pour désigner une maladie (la rougeole par exemple).

5. « Ah ! c'était un grand homme !... plus grand que moi de tout cela » (l. 67-70).
   a) Expliquez la **variation de sens** de l'adjectif *grand*.
   b) Trouvez un autre adjectif qui change de sens selon qu'il est placé avant ou après le substantif qu'il détermine. Faites une phrase qui exploite la variation de sens de cet adjectif.

6. « Qu'elle s'en garde bien ! » (l. 4).
   a) Mettez cette expression à la 3e personne du pluriel.
   b) Cette expression exprime-t-elle un **ordre** ou un **souhait** ?

Pour approfondir

7. « Écoutez bien ceci, je vous conjure » (l. 98-99).
   a) Quel est le **mode du verbe** « écouter » ?
   b) Cette phrase ne transmet aucune information. Quelle est sa **fonction** ?
   c) Trouvez plus loin une autre phrase qui a la même fonction.

8. Relevez toutes les phrases à l'**impératif** depuis le début de la scène jusqu'à « Donnez-moi votre bras » (l. 45).

9. Relevez, depuis « Ah ! que n'ai-je étudié ! » (l. 87) à « Ah ! le grand homme ! » (l. 132), toutes les **tournures exclamatives**.

10. Relevez dans le discours de Sganarelle :
    a) les **hésitations** : quel signe de ponctuation les indiquent ?
    b) les **répétitions** ;
    c) les **affirmations** qu'il s'agit bien là d'un raisonnement ;
    d) les **tautologies**, c'est-à-dire les phrases qui se contentent de réaffirmer des choses sans les démontrer.

11. **Écriture :** rédigez le rapport sur la maladie de Lucinde que Sganarelle pourrait envoyer à l'Académie de médecine, en parodiant le style médical.

Petite méthode

• Il existe quatre **modes** des verbes en français : l'indicatif, l'impératif, le subjonctif et le conditionnel. L'**impératif** est le mode d'expression de l'**ordre**.

• « Sors ! » est un ordre, mais il peut être adouci par une formule de politesse du type « s'il te plaît », qui, s'il ne change pas le sens du verbe, modifie l'effet de cet ordre sur celui qui le reçoit.

• L'emploi de l'impératif n'implique pas en lui-même le point d'exclamation et, là encore, la **ponctuation finale** transforme l'effet sur le destinataire. Le **point** ou le **point d'exclamation** final est un équivalent écrit de la force avec laquelle l'ordre est exprimé. En lisant un texte à haute voix et en mettant le ton, vous pouvez ainsi être sensible à ces variations.

Pour approfondir

Exercice 3 : *Le Médecin malgré lui,* Acte III, scène 6

1. « afin que je raisonne tantôt avec vous de sa maladie » (l. 3-4).
   a) Quel est le **sens** du verbe « raisonner » ?
   b) Quel est le **sens** de « tantôt » ?
   c) Quelle **circonstance** exprime cette proposition ?
   d) Transformez toute la phrase pour obtenir deux **propositions indépendantes**. Quel signe de ponctuation allez-vous utiliser entre les deux propositions ?

2. *« pour l'amuser »* (l. 8). Dans quel **sens** le verbe « amuser » doit-il être compris ? Quel autre sens lui connaissez-vous ?

3. Relevez tous les mots qui renvoient au **champ lexical** du corps dans la première tirade de Sganarelle (y compris dans les didascalies).

4. « Ô grande vertu du remède ! Ô admirable médecin ! » (l. 21-22). Remplacez ces **propositions nominales** par des propositions avec un verbe conjugué.

5. Quelle **valeur** ont les points de suspension depuis « Mais... » (l. 31) jusqu'à « Mais... » (l. 49) ?

6. Remplacez « Et je me jetterai plutôt dans un couvent que d'épouser un homme que je n'aime point » (l. 47-48) par une **construction plus contemporaine**.

7. Dans la dernière tirade de Sganarelle :
   a) relevez tous les mots qui appartiennent au **champ lexical** de la médecine ;
   b) expliquez le sens du verbe « avaler », pour Géronte, et pour Léandre ;
   c) à partir de cet exemple, fabriquez deux expressions avec le verbe « gober », employé au **sens propre** et au **sens figuré**.

8. Relevez toutes les fois où le mot « remède » ou « remèdes » est employé dans la scène. A-t-il toujours le **même sens** ?

9. **Écriture :** Lucinde écrit une dernière lettre avant d'entrer au couvent, où elle va se réfugier pour échapper aux ordres de son père. Rédigez-la, selon deux versions :
   a) une version adressée à son père ;
   b) une version adressée à Léandre.

Petite méthode

• Le **champ lexical** désigne l'ensemble des mots d'un texte se rapportant à un même domaine de réalité (par exemple, le champ lexical de la vision regroupe les mots « regard », « œil », « voir »...). L'étude des champs lexicaux dominants permet de dégager facilement les principaux thèmes d'un texte.

• Le **champ sémantique** d'un mot regroupe la totalité de ses sens et de ses emplois possibles. Dans un dictionnaire, vous trouverez, pour chaque mot, dans un inventaire ordonné, l'ensemble des définitions (donc le champ sémantique) de ce mot. Lorsqu'un mot revient plusieurs fois dans un texte, il est toujours intéressant de faire l'analyse de son champ sémantique : on examine comment les différents sens de ce même mot s'organisent entre eux.

Pour approfondir

Outils de lecture

Aparté : propos d'un acteur qui est censé être entendu par les spectateurs, tout en échappant aux autres personnages.

Apologie : discours visant à défendre, à justifier une personne, une doctrine, une activité....

Bienséance (règle de la) : au XVIIe siècle, règle qui veut que, dans une œuvre, on respecte les usages, la morale. Au pluriel : bienséances, règles d'usage à respecter.

Burlesque : genre littéraire, introduit par Scarron au XVIIe siècle, qui consiste à l'origine à traiter des sujets sérieux sur un mode ridicule. L'effet burlesque repose sur un décalage entre le ton adopté et le sujet traité.

Caricature : peinture d'un caractère, d'une personne, d'une société, accusant grossièrement les traits les plus significatifs, dans un but comique.

Champ lexical : ensemble des mots qui désignent le même secteur de la réalité et que l'on peut regrouper, d'après leur sens, sous une même notion.

Champ sémantique : ensemble des emplois divers d'un même mot.

Chute : finale de phrase ou de paragraphe soulignée par une image, un trait comique, un paradoxe...

Compagnie du Saint-Sacrement : association religieuse qui voulait faire pression sur les particuliers et l'opinion publique. Elle est à l'origine de la cabale des dévots menée contre Molière.

Coup de théâtre : événement inattendu qui amène un changement brutal de la situation.

Dénouement (ou épilogue) : conclusion qui met un point final à l'intrigue en réglant le sort des personnages.

Didascalie : indication de mise en scène fournie en dehors du texte prononcé par les acteurs. On appelle didascalie initiale la première de la pièce, celle qui donne la liste des personnages.

Exposition (scène d') : scène destinée à informer le public de ce qui s'est passé avant le lever du rideau et dont la connaissance est nécessaire pour suivre l'intrigue, en général la ou les premières scènes de la pièce.

Genre : catégorie qui sert à rassembler des œuvres répondant à des critères formels et thématiques semblables.

Intrigue : ensemble des événements qui sont au cœur de l'action de la pièce.

Méprise : erreur qui consiste à prendre une personne ou une chose pour une autre, situation qui en résulte.

Metteur en scène : personne qui élabore et supervise le spectacle et assure ainsi son unité.

Monologue : propos qu'un personnage, seul sur scène, se tient à lui-même, révélant ainsi au spectateur ses sentiments. Scène constituée par ce type de tirade.

Pantomime : art de s'exprimer par les gestes, les jeux de physionomie, les attitudes corporelles, sans passer par le langage.

Parodie : imitation burlesque ou satirique d'une œuvre célèbre ou sérieuse, ou d'un style.

Péripétie : tout événement qui fait avancer l'action.

Réplique : partie du dialogue prononcée d'un seul tenant par un personnage.

Satire : genre littéraire où l'auteur attaque les vices, les ridicules de ses contemporains en s'en moquant. Adjectif : satirique.

Saynète : à l'origine, petite comédie bouffonne du théâtre espagnol que l'on jouait pendant un entracte. Cela correspond à ce qu'on appelle aujourd'hui un sketch.

Scénographie : ensemble des techniques qui envisagent l'organisation de la scène et ses rapports avec la salle.

Sticomythie : succession de répliques de longueur égale ou à peu près égale.

Théâtralité : ensemble des éléments qui donnent à un texte sa force théâtrale.

Tirade : longue réplique.

Vraisemblance (règle de la) : règle selon laquelle une œuvre littéraire doit avoir l'apparence du vrai.

Bibliographie et filmographie

Autres œuvres de Molière

Le Médecin volant, 1645.
  ▶ Le valet Sganarelle se déguise en médecin pour empêcher le mariage forcé d'une jeune fille et l'aider à retrouver son amoureux.

Les Précieuses ridicules, 1659.
  ▶ Satire des femmes de la cour au langage précieux.

Dom Juan ou Le Festin de pierre, 1665.
  ▶ Dom Juan, libertin et hérétique, est accompagné de son valet Sganarelle, qui se déguise en médecin.

Le Misanthrope, 1666.
  ▶ Alceste incarne la vertu d'autrefois contre les personnages les plus caractéristiques de la société mondaine, qui sont ici objets de la satire.

L'Avare, 1668.
  ▶ La pièce met en scène un père avare qui veut flouer ses enfants.

Le Bourgeois gentilhomme, 1670.
  ▶ Le bourgeois Monsieur Jourdain veut imiter les signes de l'appartenance à l'aristocratie.

Les Fourberies de Scapin, 1671.
  ▶ Un valet bouffon et rusé se joue de son maître.

Le Malade imaginaire, 1673.
  ▶ Satire de la médecine qui met en scène un père tyrannique qui, persuadé qu'il est malade, veut marier sa fille à un médecin.

Farces

Le Vilain Mire, anonyme, XIIIᵉ siècle.
  ▶ Dans cette courte pièce du Moyen Âge, qui a inspiré à Molière le sujet du *Médecin malgré lui*, un paysan devient médecin parce que sa femme, qu'il bat, veut se venger de lui.

La Farce de Maître Pathelin, anonyme, vers 1465.
  ▶ Pièce comique médiévale, plus longue que toutes les autres farces, qui exploite le comique de l'arroseur arrosé.

Autres œuvres sur le thème de la médecine

La Vie quotidienne des médecins au temps de Molière, de François Millepierres, Hachette, 1966.

Le Docteur Knock, ou le triomphe de la médecine, de Jules Romains, 1923.

> ❱ « Les gens bien portants sont des malades qui s'ignorent », proclame le docteur Knock en donnant ainsi le ton à cette satire médicale, digne de Molière.

Le Roi se meurt, d'Eugène Ionesco, 1962.

> ❱ Le roi Bérenger 1er règne sur un territoire indéterminé. Son médecin (chirurgien, bactériologue, bourreau et astrologue) est formel, il n'est plus possible de l'opérer. Même les astres sont contre le royaume : le drame est inévitable.

Œuvres critiques sur Molière et *Le Médecin malgré lui*

Molière ou l'esthétique du ridicule, de Patrick Dandrey, Klincksieck, 1992.

Molière ou les métamorphoses du comique, de Gérard Defaux, Klincksieck, 1992.

Filmographie

Molière ou la vie d'un honnête homme, d'Ariane Mnouchkine, 1977, disponible en DVD.

> ❱ Réalisé avec 120 comédiens, 600 participants, 1 300 costumes, 220 décors et deux années de travail, ce film de quatre heures raconte l'aventure de Molière et de son siècle.

Molière, film de Laurent Tirard avec Romain Duris, 2007.

> ❱ Le film imagine ce qu'ont pu être les années de jeunesse de Molière, et ce qui a pu inspirer ses œuvres.

Le Médecin malgré lui, mise en scène de Dario Fo, réalisation Yves-André Hubert, avec Catherine Hiegel, Gérard Giraudon, Marcel Bozonnet..., édition de la Comédie-Française, 2002.

Crédits photographiques

Couverture   **Dessin Alain Boyer**

7	reprise page 106. Bibliothèque nationale de France, Paris. Ph. Coll. Archives Larbor
11	Bibliothèque nationale de France, Paris. Ph. © Archives Larbor
18 ht	Ph. Olivier Ploton © Archives Larousse
18 bas	Collection Jacques Lecoq, Paris. Ph. Michel Didier © Archives Larbor
19	Dessin. Archives Larousse
20	Dessin. Archives Larousse
21	Mauritshuis, La Haye. Ph. © Archives Larbor
22	Ph. Olivier Ploton © Archives Larousse
38	© Pascal Gely/Agence Enguerand-Bernand
46	Ph. Coll. Archives Larbor
47	Ph. © Archives Larbor
58	© René Lecoustre/Comédie de Picardie, Amiens
70	© Pascal Gely/Agence Enguerand-Bernand
95	© Benjamin Renout/Agence Enguerand-Bernand
114	Comédie de Saint-Étienne. Ph. Luc Joubert © Archives Larbor
121	Bibliothèque nationale de France, Paris. Ph. © Archives Larbor
122 ht	© Marc Enguerand
122 bas	© Agence Enguerand-Bernand

Direction de la collection : Yves GARNIER et Line KAROUBI

Direction éditoriale : Line KAROUBI

Édition : Clémence CORNU

Lecture-correction : service Lecture-correction LAROUSSE

Recherche iconographique : Valérie PERRIN, Agnès CALVO

Direction artistique : Uli MEINDL

Couverture et maquette intérieure : Serge CORTESI, Sylvie SÉNÉCHAL, Uli MEINDL

Responsable de fabrication : Marlène DELBEKEN

Photocomposition : CGI
Impression : Liberdúplex (Espagne)
Dépôt légal : juillet 2007 – 300920
N° Projet : 11008001 – Juillet 2008